Peter Lauster beschäftigt sich in diesem Buch mit den Themen Selbstwerdung und Selbstentfaltung. Er macht deutlich, dass es vielen von uns heute darauf ankommt, sich in die Gesellschaft zu integrieren und gut zu funktionieren, zeigt aber, dass dabei das eigene Seelenleben oftmals auf der Strecke bleibt. Lauster fordert seine Leser dazu auf, sich dem eigenen Ich zu stellen, das «Ichbewusstsein» zu stärken und sich als eigenständiges Individuum betrachten zu lernen.

Peter Lauster, 1940 in Stuttgart geboren, studierte Psychologie, Anthropologie und Kunstgeschichte. Seit 1971 leitet er die «Praxis für psychologische Diagnostik und Beratung». Seine Sachbücher erreichten bisher eine deutschsprachige Gesamtauflage von über 4,5 Millionen Exemplaren und wurden in zwanzig Sprachen übersetzt. Von Peter Lauster sind als rororo lieferbar: *Die Liebe* (Nr. 17677), *Lassen Sie der Seele Flügel wachsen* (Nr. 17361), *Wege zur Gelassenheit* (62039), *Ausbruch zur inneren Freiheit* (Nr. 62041) und *Die Erotikformel* (Nr. 62022).

Peter Lauster

Stärkung des Ich

Die zweite Geburt der Selbstwerdung

Rowohlt Taschenbuch Verlag

Veröffentlicht im Rowohlt Taschenbuch Verlag,
Reinbek bei Hamburg, März 2009
Copyright © 2006 by Rowohlt Verlag GmbH,
Reinbek bei Hamburg
Umschlaggestaltung ZERO Werbeagentur, München
(Illustration: C Squared Studios/Getty Images)
Satz Proforma PostScript (InDesign)
bei Pinkuin Satz und Datentechnik, Berlin
Druck und Bindung Druckerei C. H. Beck, Nördlingen
Printed in Germany
ISBN 978 3 499 62036 2

Stärkung des Ich

Die zweite Geburt der Selbstwerdung

«Wir fühlen, dass, selbst wenn alle möglichen wissenschaftlichen Fragen beantwortet sind, unsere Lebensprobleme noch gar nicht berührt sind.»

Ludwig Wittgenstein

«Wir sind Analphabeten, wenn es um Gefühle geht. Und das ist eine traurige Tatsache, nicht nur, was dich und mich betrifft, sondern praktisch alle Menschen sind es. Wir lernen alles über Ackerbau in Rhodesien und den Körper und die Wurzel aus Pi oder wie das heißt, aber kein Wort über die Seele. Wir sind bodenlos und ungeheuer unwissend, wenn es um uns selbst und um andere geht. Heutzutage sagt man leichthin, man soll die Kinder zu Menschlichkeit und Verständnis und Toleranz und Gleichheit, oder wie die Modewörter sonst noch heißen mögen, erziehen. Aber niemand kommt auf die Idee, dass wir zuerst etwas über uns selbst und unsere Gefühle lernen müssen. Über unsere eigene Furcht und Einsamkeit und unseren Zorn ...

Wie soll man jemals andere verstehen, wenn man nichts über sich selbst weiß?»

Ingmar Bergman

Inhalt

Vorwort 13

Erstes Kapitel
Selbsterfahrung ist der elementare Weg 15
Körper, Seele und Geist 18
Seelenleben 22
Flucht ist üblich 26
Subjektivität und Mitgefühl 30
Angst 33

Zweites Kapitel
Macht, Ohnmacht und Reife des Ich 38
Verbale Aggression ist Körperverletzung 42
Sexuelle Macht und sexuelle Ohnmacht 45
Die Einfachheit und das Glück 49
Sexualität und Persönlichkeitsstruktur 53
Lebendiges ist immer neu 56
Das Unbekannte machen wir reizlos 59
Reife und Unreife 63
Sensibilisierung und Frische 67

Drittes Kapitel
Die zweite Geburt ist der Vorgang der
seelischen Menschwerdung 72
Keine Selbsterziehung 75

Schauen und Lauschen 79
Die zweite Geburt 82
Manipulation durch Psychologisierungen 86
Streben und Dasein 89
Der Maler 92
Individualität 98

Viertes Kapitel
Mut zur Emotionalität und Subjektivität 102
Mut zur Subjektivität 106
Realismus 109
Gefühle sind real 113
Gefühle nicht analysieren 117
Der vorgehaltene Spiegel 122
Kein Selbstbild 126

Fünftes Kapitel
Erst durch den Kontakt mit dir selbst
verstehst du andere wirklich 131
Eifersucht 134
Ärger 138
Bewusstsein des Alleinseins 142
Selbsterfahrung des Alleinseins 147
In Kontakt mit sich selbst 151
Selbst- und Fremdmanipulation 154
Klarheit 158
Die Schattenseite 162

Sechstes Kapitel
Liebe wird in dir wirksam 167
Liebe ist in dir 170

Liebe ist ein Lebensgefühl 174
Egoismus ist keine Selbststärke 179
Egoismus und Liebe 181
Die Verletzlichkeit des Egos 184
Selbstkritik ist unnötig 189
Ichstärke will keine Autorität 193
Wie ernst soll ich mich selbst nehmen? 197

Vorwort

Dieses Buch ist kein wissenschaftliches psychologisches Sachbuch. Es besteht durchgehend aus Briefen, die ich an einen lieben Freund geschrieben habe.

Die vorliegende Situation ist ein Gleichnis, jedoch eines, das etwas ganz Wesentliches zeigt: Trotz unserer individuellen Verschiedenheit und unterschiedlichen charakterlichen Ausprägung empfinden wir in den elementaren Ereignissen des Lebens sehr ähnlich, zeigt sich bei allen seelischen Vorgängen, dass Bildungsunterschiede, gesellschaftlicher Status oder materieller Besitz unerheblich sind. In den tiefen psychischen Erlebensebenen sind wir alle gleich, denn durch dieses ‹Tor› müssen wir alle, ob reich oder arm, ob anerkannt von der Gesellschaft oder Außenseiter. Der Weg zur menschlichen Reifung ist weder leichter noch schwerer durch die oberflächliche Zuordnung zu einer bestimmten sozialen Schicht.

Neben der Intelligenz des Denkens, die geschult, geübt und trainiert werden kann, gibt es eine ganz andere Intelligenz, die ich als ‹Erkenntnis› bezeichnen möchte. Diese Erkenntnis ist die Fähigkeit der Psyche, die Umwelt, die Mitmenschen und auch sich selbst in einer Ganzheit zu erfassen. Erkenntnis analysiert nicht mit Zahlen, mit Worten, grübelt nicht nach einem Lösungsweg, sondern sie geschieht unmittelbar und direkt. Sie ist eine Hellsichtigkeit, ja Scharfsinnigkeit, die den gesamten Menschen mit einbezieht. Erkenntnis ist ein umfassendes Sehen der Wirklichkeit. Diese Art der Intelligenz wird auf keiner Schule gelehrt – und ist dennoch so wichtig für ein glückliches, gesundes und harmonisches Leben.

Alles hat seine eigene Zeit, in der sich seelische Vorgänge auf ihrer jeweiligen Reifestufe entfalten müssen. So hat jede Zeit auch ihre spezifische Aufgeschlossenheit (oder Verschlossenheit) für Gedanken, Meditationsimpulse und Erkenntnisse. Während sich im Mai die Blätter im frischen Grün der Sonne entgegenstrecken, beschäftigt sich die Sensitivität nicht mit den Verfärbungen und Loslösungen der Herbststürme.

Lesen Sie das Buch bitte nicht ausschnittweise. Es sollte kontinuierlich vom Anfang bis zum Ende gelesen werden – nur so ermöglicht die Entwicklung der Gedanken ein ganzheitliches und abgerundetes Bild.

Peter Lauster
Köln, im Spätherbst 1992

Erstes Kapitel
Selbsterfahrung ist der elementare Weg

Mein lieber Freund,

du hast mir von deiner Lebenskrise erzählt und mich gebeten, dich bald wieder zu treffen, damit wir über psychische Hintergründe sprechen und deine Krise analysieren. Ich habe dir versprochen, dir Briefe zu schreiben und dir auch auf diesem Wege meine Gedanken mitzuteilen.

Derzeit sind bei dir viele Konflikte und Probleme zusammengekommen: Du hast Schwierigkeiten in deiner Firma, liegst im Streit mit einem deiner besten Freunde, kannst dich nicht entschließen, deine Lebensgefährtin zu heiraten, stehst unter starker innerer Spannung, fühlst dich manipuliert und fragst dich, wer du bist.

Die Frage «Wer bin ich?» ist eine uralte philosophische Frage, die für jeden Menschen aber immer wieder neu ist und die sich jeder in der Situation, in der er gerade steht, mehr oder weniger bewusst stellt. Du beispielsweise siehst es als ein Zeichen der ‹Schwäche›, dass du nicht weißt, wer du bist, und beginnst, dich selbst zu betrachten. Dennoch wolltest du während unseres Gespräches, dass ich dich ‹analysiere›, dass ich dir ‹schonungslos sagen› sollte, wer du bist. Gleichzeitig empfandest du allein schon den Umstand, einen anderen um so etwas zu bitten, als Schwäche.

Derzeit siehst du dein ‹Ich› als schwach an, möchtest ein stärkeres Ich haben. Du hast angedeutet, schon das Gespräch darüber sei ein Symptom für Schwäche – und das war dir unangenehm. Du siehst dich in einer Krise, weil du dir über all das Gedanken machst.

Ich muss dir dazu sagen: Deine Krise besteht nicht darin, dass du Fragen stellst, sie besteht auch nicht in auftauchenden Selbstzweifeln.

Wollen wir das einmal gemeinsam untersuchen. Du beginnst Fragen zu stellen, du hältst inne und betrachtest dich und die anderen. Bisher bist du immer tatkräftig nach vorne gestürmt, hast dir etwas vorgenommen – und du hast gehandelt. Plötzlich hältst du inne, betrachtest und zweifelst, fragst dich, wer du bist und in welche Richtung du gehst. Und schon hältst du dich für schwach.

Ich möchte dir sagen: Ich freue mich sehr darüber, dass du diese Fragen stellst. Das ist ein gutes Zeichen. Du beginnst wach zu werden. Damit will ich nicht behaupten, dass du bisher verschlafen gewesen wärest. Du warst überaus aktiv, hast deine Ausbildung mit guten Noten abgeschlossen, warst im Beruf erfolgreich und bist aufgestiegen. Du wirkst extravertiert und spontan und stehst ‹mit beiden Beinen in der Realität›, wie es so schön heißt. Du warst nach außen hin stark, robust und lebenstüchtig, hattest keine Angst vor Hindernissen und hast Hürden gemeistert. Es ging immer aufwärts und geradewegs nach vorne. Du hast hervorragend ‹funktioniert›. Deine Freunde mögen deine gesellige Art, und partnerschaftlich wie sexuell hattest du auch nie Probleme. Du machst einen starken Eindruck, bist gesund und intelligent. Das ist auch dein Selbstbild. Und nun stellst du diese Fragen und glaubst, du hättest ein zu schwaches Ich, das stärker werden müsse, willst noch aktiver sein, noch mehr anpacken, noch mehr Erfolg haben und noch mehr geliebt und bewundert werden. Und dann die Frage: «Wer bin ich?» Das Innehalten und die Besinnung auf dein Selbst erscheint dir wie eine Krise. Leider ist das Wort Krise so negativ besetzt. Ich sehe eine Krise nicht negativ, sondern ich freue mich vielmehr für dich über deine Fragen.

Wir werden keine ‹Psychoanalyse› nach Sigmund Freud betreiben; dafür hättest du weder Ruhe noch Geduld. Lass mich dennoch drei psychoanalytische Begriffe aufnehmen: Es, Ich und Über-Ich. Wir werden uns darüber unterhalten. Du hast ein sehr kontrolliertes Es (Emotionen, Triebe), ein ‹normal› entwickeltes Ich und ein starkes Über-Ich (das in deinem Elternhaus und in der schulischen Ausbildung entwickelt wurde). Das Es meldet nun seine Ansprüche an, während das starke Über-Ich seine introjizierten Argumente einbringt. Dein Ich steht in der Mitte und versucht, alles ins Gleichgewicht zu bringen. Du bist sehr vital und glücklicherweise physisch sehr gesund; also ist auch das Es sehr stark. Das Ich möchte es dem Es recht machen, aber auch die Regeln des Über-Ich erfüllen. So wird dein Ich zerrieben zwischen diesen beiden Mahlsteinen. Demnach muss das Es frei und das Über-Ich in Frage gestellt werden, damit es an Macht verliert. Das ist eine sehr allgemeine Aussage; sie ist im Moment noch sehr abstrakt für dich. Doch schon bald wirst du wissen, was ich damit meine.

Ich werde dir nicht sagen, was du tun sollst. Ich bin keine Autorität. Ich weiß, du denkst autoritätsbezogen. Vielmehr möchte ich einen anderen Weg gehen. Wir denken gemeinsam über diese Dinge nach. Nicht ich sage dir, was richtig oder falsch ist, sondern du denkst und fühlst mit. Ich weise dich auf vieles hin. Wie gesagt: Ich weise nur auf etwas hin, auf etwas, was wir dann gemeinsam von allen Seiten betrachten, und schließlich siehst du selbst, was dann geschieht.

Bei alldem handelt es sich um einen lebendigen Vorgang

der Selbsterforschung. Wir betrachten die seelischen Vorgänge von allen Seiten, und du wirst, so hoffe ich, bereit sein, dir das anzuschauen. Ich sage nicht, du sollst das oder jenes denken; ich bin kein Pädagoge, der dem Einzelnen einen bestimmten Wissensstoff vermittelt. Es wird kein Wissen gelehrt. Wir betreten jetzt ein Terrain, das von dir selbst erforscht werden muss. Ich nehme dich nur bei der Hand und zeige dir, was wir beide sehen können – und wir betrachten, was mit der Psyche geschieht. Wir schauen zum Beispiel auf die Empfindung Neid. Ich frage dich, was du siehst, wenn du neidisch bist. Du hast den Neid wohl noch nie so schonungslos betrachtet, wie du es dann tun wirst. Wir betrachten ferner Aggression und Angst. Auch hierbei wirst du feststellen: Dein Wissen darüber ist gering, weil du diese Phänomene bisher noch nie so direkt und klar betrachtet hast. Zum Schluss führt dich das und anderes zu mehr Selbsterkenntnis. Diese Selbsterkenntnis ist notwendig, um zu wissen, wer du selbst bist und wer die anderen sind.

Körper, Seele und Geist

Um sich selbst zu verstehen, muss man sich beobachten. Und sich selbst beobachten heißt nicht, egozentrisch zu sein. Auf dieses abwertende Argument der Selbstbeobachtung möchte ich später eingehen. Beginnen werde ich mit den elementaren Zusammenhängen von Körper, Seele und Geist.

Der Körper ist die materielle Basis; er besteht aus Materie, die chemischen und physikalischen Gesetzen unterliegt. Dieser Körper steht dir zur Verfügung; er ist die elementare Grundlage, die du fit und gesund erhältst, um aktiv sein zu können. In diesem Körper wirken die beiden anderen wichtigen Bereiche des Menschseins: Seele und Geist.

Der Geist ist dir besonders vertraut, da du eine gute Ausbildung absolviert hast, in der auf die Schulung der Intelligenz großer Wert gelegt wurde. Du hast auch einen Intelligenztest gemacht, der einen Intelligenzquotienten (IQ) von 132 ermittelte. Der Geist hat eine organisch lokalisierbare Grundlage: das Gehirn. Du hast dieses Gehirn genutzt und die Techniken des logischen Denkens erlernt, dein Gedächtnis trainiert und viel Wissen gespeichert. Weiter hast du gelernt, mit diesem Wissen umzugehen und folgerichtige Gedanken auszudrücken. Dieses Denken ist eine Fähigkeit, die erlernt werden muss. Dein Geist gibt dir die Möglichkeit, über das intelligente Denken dieses Instrument gut zu gebrauchen. Die Denkfähigkeit ist ein Werkzeug, um beispielsweise im Berufsalltag erfolgreich sein zu können. Das ist für dich nichts Neues.

Nun komme ich zu der dritten Dimension, der Seele. Mit deiner Seele hast du dich bisher weniger befasst. Du treibst Sport, um deinen Körper gesund zu erhalten, du bildest dich weiter, um das Instrument Geist fit zu halten. Was aber hast du für deine Seele getan? Du hast die Seele sozusagen links liegen lassen. Die Hauptsache war dir ein gesunder Körper und die Entfaltung der Intelligenz. Du hast einmal geäußert, dass du es mit der ‹Weisheit› hältst, die da besagt: «In einem gesunden Körper wohnt ein gesunder Geist.» Soweit war dein Selbstbild und dein Bild vom Menschsein in Ordnung. Doch reichen ein gesunder Körper und ein gesunder Geist aus? Bedenke bitte: Der das gesagt hat, war der Römer Juvenal (47–113 n. Chr.), und der war der wohl bissigste Satiriker seiner Zeit.

Der dritte große Bereich, die Seele, hat dich bisher nicht weiter interessiert. Sie ist etwas, um das sich vor allem Theologen kümmern, indem sie ‹Seelsorge› um die unsterbliche Seele betreiben.

Du wurdest im Rahmen der christlichen Religion erzogen. Das Religiöse hat dich nie weiter interessiert; auch darüber werden wir noch sprechen. Die Theologie war neben der Philosophie über viele Jahrhunderte zuständig für das Seelenleben. Das hat sich um die Jahrhundertwende mit der Begründung der Psychoanalyse durch Sigmund Freud geändert. Danach hat sich die Psychologie als eigenständige Wissenschaft von der Seele des Menschen entwickelt. Die Psychologie ist unabhängig von der Theologie, der Philosophie und der Medizin. Natürlich berühren sich diese Gebiete, aber es wurde erkannt: Die Psyche als dritte Dimension des Menschseins muss ein eigenständiges Forschungsgebiet sein. Die Theologen haben das nicht gerade gerne gesehen, befürchteten sie doch (zu Recht), ihren ‹Alleinanspruch› in Sachen Seelenleben zu verlieren. Selbst heute noch hegen viele Theologen gegenüber den Psychologen eine starke Skepsis, obwohl sie mit ihnen in karitativen Einrichtungen (Erziehungsberatungsstellen, Eheberatung, Telefonseelsorge usw.) zusammenarbeiten.

Ich möchte nicht weiter abschweifen, sondern zurückkommen zur Psyche als Wissenschaft, die heute auf jeder Universität der Welt eine eigenständige Fachrichtung ist. Es wäre jedoch ein Irrtum zu glauben, dass damit der Psyche Genüge getan wäre und du dich nicht weiter um sie kümmern müsstest. Da die Mediziner für den Körper zuständig sind, die Theologen für die unsterbliche Seele und Gott, sollen sich die Psychologen gefälligst um das Seelenleben kümmern. Leider neigen wir zu der fatalen Haltung, einfach draufloszuleben

– und wenn etwas nicht funktioniert, gibt es ja für alles einen Fachmann, der sich dann darum kümmern soll.

Bezüglich deines Körpers denkst du an Vorsorge; du machst Gymnastik und bemühst dich ein wenig um gesunde Ernährung. Deinen Geist hältst du fit durch Schulungen und Trainingsseminare. Das Religiöse wird erledigt, indem du zu Weihnachten einer Predigt lauschst und als Bildungsreisender berühmte Kathedralen aufsuchst und Kirchenfenster bewunderst. Und was gibst du deiner Seele? Das Seelische erscheint dir anscheinend nicht so wichtig.

Wenn du dich verliebst, dann ist deine Seele sehr aktiv. Die angenehmen Gefühle, die damit verbunden sind, werden in vollen Zügen genossen. Wenn du enttäuscht wirst und Frustrationen fühlst, dann ist das auch ein Bestandteil des Seelenlebens, aber den möchtest du schnell loswerden und ‹vergessen›. Du stürzt dich in Ablenkungen, um schnell davon wegzukommen; als wäre Seelisches nur dazu da, um auf dem ‹Vergnügungstummelplatz› präsent zu sein. Unter den Teppich mit allem Unangenehmen und dann tanzen, genießen, lachen und fröhlich sein. Alles andere: Ängste, Sorgen, Kummer, Aggression, Neid, Destruktivität – schnell weg damit, sich nur nicht damit befassen.

Das Seelenleben ist aber eine Ganzheit; es kann nicht aufgespalten werden in gute Bereiche, die wir annehmen, und schlechte Bereiche, die wir ablehnen. Du solltest keine seelischen Teile abspalten. Aber das ist alltägliche Praxis vieler Menschen: Sie trennen sich von ihrem Seelenleben, sie verdrängen es, fliehen vor ihm. Diese ‹Abwehrmechanismen› habe ich oft beschrieben. Und du wunderst dich dann, dass unter den Teppichen und in den scheinbar abgeschlossenen Verliesen deines Inneren ein Gärungsprozess stattfindet, der dir immer unheimlicher wird und der dich von Tag zu Tag mehr in Schwierigkeiten und Krisen bringt. Du fühlst ein Unbehagen und flüchtest nun umso mehr in Unterhaltung und Vergnügen, um zu vergessen. Aber die Seele vergisst nicht. Sie will nicht abgeschoben werden. Sie hat ein elementares Recht darauf, sich zu beteiligen. Wir meinen, alles Gedachte des Geistes (der Ratio) wäre das Bedeutungsvollste überhaupt. Ich sage dir: Psychisches ist viel bedeutungsvoller als Gedachtes.

Seelenleben

Es wird Zeit, dass du dich mit deinem Seelenleben befasst. Mit dem heutigen Brief möchte ich versuchen, dir die Annäherung zu erleichtern. Du kannst dich nur selbst wirklich verstehen, also erkennen, wer du bist, wenn du das Seelische beobachtest. Für den Ort der Seele lässt sich in deinem Körper kein Organ lokalisieren. Der Volksmund spricht ‹organisch›: «Das hat mir einen Stich ins Herz gegeben; da blieb mir die Luft weg; es stockte der Atem; das Blut ist in den Adern gefroren; das ging mir an die Nieren; es schnürte mir den Hals zu; mir wurde kalt ums Herz; das ist mir auf den Magen geschlagen.» Zum Ausgleich nun auch einige Beispiele der Beschreibung positiver Emotionen: «Das ließ das Herz höher schlagen; mir wurde warm im Bauch; ein Stein fiel mir von der Brust; das vermittelte dem Körper ein wohliges Gefühl; vor Freude bekam ich eine Gänsehaut; den ganzen Körper durchflutete Energie und Tatkraft; mein Gang wurde aufrechter und federnder; ich schlief wie ein Bär und hatte das Gefühl, Bäume ausreißen zu können.»

Die Emotionen wirken also auf alle Organe und Körperteile: vom großen Zeh bis zu den Haarspitzen. Die Seele lässt sich aber nicht organisch lokalisieren; sie sitzt weder im Herzen, noch im Bauch, noch hinter der Stirn. Das Seelische sind die Emotionen; sie wirken überall im Körper. Soma und Psyche sind wechselseitig miteinander verbunden; deshalb sprechen wir von psychosomatischen Reaktionen und Symptomen, in denen sich Seelisches somatisch ausdrückt. Würde der Körper nicht so reagieren, dann wären wir seelenlose Automaten, vergleichbar einem Computer. Einem Computer ist es egal, mit welchen Informationen er versehen wird, und es ist ihm gleichgültig, für wen und welchen Zweck er funktioniert. Er arbeitet für den Abwurf einer Atombombe genauso reibungslos ungerührt wie für ein Partnervermittlungsinstitut. Der Computer ist seelenlos, also unbelebt. Die belebte Materie der Lebewesen zeichnet sich eben dadurch aus, eine Seele zu besitzen. Diese Seele ist aber nicht materiell greifbar und deshalb auch nicht konstruierbar.

Alle Lebewesen besitzen ein Seelenleben. Wenn du jemals eine Katze oder einen Hund in deiner Wohnung gehalten hast, weißt du, dass sie psychosomatisch reagieren; das tun sie, weil sie Emotionen haben. Auch Tiere können deshalb psychosomatisch erkranken, können neurotisch werden.

Über das reichhaltigste und empfindsamste Seelenleben verfügt auf dieser Erde der Mensch. Er ist gleichzeitig auch das intelligenteste Lebewesen. So sind also Geist (Ratio) und Psyche (Emotionalität) miteinander verknüpft. Ich sprach von Psychosomatik und muss vervollständigen: Psycho-Ratio-Somatik – womit wir bei der bereits erwähnten Einheit von Körper, Seele und Geist sind.

Es dient nur der Vereinfachung verbaler Erklärungen, wenn

die Teile für sich betrachtet werden; einmal Somatik (Medizin), dann Psyche (Psychologie), dann Geist (Psychiatrie, Psychologie und Philosophie). In Wirklichkeit ist jedoch alles miteinander vernetzt. Wir benötigen deshalb mehr denn je eine Wissenschaft vom Menschsein, die über die einzelnen fachspezifischen Spezialisierungen hinausgeht, um wieder alles miteinander verbinden zu können.

Der Mensch ist eine unteilbare Ganzheit. Er ist in der Vergangenheit in viele Einzelteile zergliedert worden, die für sich erforscht wurden und weiter so analysiert werden. Die naturwissenschaftliche Methode ist die Technik der Zergliederung in die immer kleineren Bestandteile und Wirkmechanismen. Dagegen soll nicht polemisiert werden. Wir benötigen aber eine gegenläufige wissenschaftliche Bewegung, die parallel hierzu die Teile zu einem Ganzen fügt, denn das Ganze ist mehr (also auch etwas anderes) als die Summe seiner Teile. Von der Quantifizierung also zurück zur Qualifizierung. Wenn wir die drei Teile Soma, Psyche und Ratio betrachten, könnte man zunächst davon ausgehen, sie würden die gleiche Wertigkeit besitzen. Ich bin nicht dieser Auffassung. Ich behaupte: An unterster Stelle steht die Materie, darauf baut sich der Intellekt auf, der an eine materielle Ausstattung gebunden ist (Nervenzellen, Gehirnmenge), und das führt zu einer Ausweitung des Seelenlebens. Soma und Ratio und Seele bilden also eine Einheit, wobei die Seele jedoch das wichtigste Element ist.

Ich weiß, unter diesem Aspekt hast du dich selbst noch nie betrachtet, und deshalb erscheint dir der Gedanke von der Bedeutung des Seelischen etwas fremd, zumal du das Psychische in deinem Leben bisher noch nicht betrachtet hast. Wie kann es so wichtig sein, wenn du das bisher nicht gesehen hast? Es erscheint dir wie eine Kränkung deiner Person. Du hast eine hervorragende Ausbildung absolviert, bist erfolgreich im Beruf, kannst mit Menschen gut umgehen, hast dir eine eigene Meinung über Politik, Gesellschaft, Erziehung und Religion gebildet. Es kränkt deine Eitelkeit, dass du das wichtigste Element nicht beachtet haben könntest. Ich möchte dich beruhigen: Du konntest es schwer beachten, denn niemand hat dich darauf hingewiesen. Deine Erziehung verlief körperbetont und intellektorientiert. Seelenleben war etwas Nebulöses, über das nicht gesprochen wurde. Nun bist du selbst darauf gestoßen, dass du dich nicht kennst, nicht weißt, wer du eigentlich bist. Was nützt alles Handeln und Aktivsein, was nützt alles Streben nach Erfolg und Besitz, wenn du nicht weißt, wer du bist? Du hast funktioniert wie ein Computer, und du warst stolz darauf. Du bist aber mehr, und es gibt etwas Wichtigeres – es sind die Emotionen. Du wirst plötzlich mit etwas konfrontiert, das tief in dir angelegt ist. Es meldet sich in seiner eigenen Sprache. Es ist die Sprache der Empfindungen.

Du fühlst dich unbehaglich. Wie kannst du dich so unbehaglich fühlen, wo du doch alles immer richtig gemacht hast? Warum gehorcht dir dein Körper nicht mehr, wo du dich doch gesund ernährt und durch Gymnastik und Sport fit gehalten hast? Warum bist du oft so unkonzentriert und abwesend, wo du dein Gehirn so geschult hast, über einen hohen IQ verfügst und in der Gesellschaft aufgrund deiner beruflichen Tüchtigkeit angesehen bist? Warum fühlst du dich nicht glücklich? Warum leidest du unter Schlafstörungen? Warum wachst du manchmal schweißgebadet auf? Warum hast du vor Angst ziehende Schmerzen in den Nieren, die du nicht konkretisieren kannst? Warum fragst du: «Wer bin ich?»

Solange alles glatt geht, wir uns in unserer Haut wohl fühlen, Erfolg haben und geliebt werden, besteht offenbar kein Grund, uns mit unserer Seele zu befassen. Sobald wir uns aber in einer Krise befinden, sich Angstgefühle panikartig steigern, wir nachts schweißgebadet aufwachen, sobald Schuldgefühle auftauchen, die uns die Lebensfreude rauben, wir Angst bekommen, psychotisch zu werden, sobald plötzlich das Gefühl auftaucht, den Partner nicht mehr zu lieben beziehungsweise nicht von ihm geliebt zu werden, gehen wir zum Arzt und lassen uns ein angstlösendes, schlafförderndes oder stimmungsaufhellendes Präparat verschreiben.

Die Seele meldet sich über Symptome zu Wort und möchte uns darauf hinweisen, dass in unserem Leben etwas schief liegt. Aber wir haben nicht gelernt, uns mit unserem Seelischen zu befassen, vor allem gerade dann nicht, wenn es uns ‹schlecht geht›. Was machen wir normalerweise, wenn uns ‹mies› zumute ist? Wir rufen einen guten Bekannten beziehungsweise einen Freund an und versuchen, mit ihm darüber zu reden. Wir versuchen also, bei anderen Rat einzuholen. Und diese anderen erscheinen uns in unserem psychischen Krisenzustand dann besonders selbstbewusst und lebenstüchtig. Du hast mir erzählt, dass du deine besten Freunde angerufen hast und dass sie dir Ratschläge gegeben haben wie diese: Schalte einfach den Fernseher an, gucke einen Krimi; dann kommst du auf andere Gedanken. Oder: Du solltest dir eine Geliebte anschaffen; das lenkt dich ab. Oder: Mir hilft Arbeit. Stürze dich in Arbeit; dann vergisst du diese Psychoflausen. Oder: Du brauchst Urlaub. Fliege am Wochenende nach Rom oder Paris; das lenkt dich ab. Oder: Treibe Sport. Geh in einen Sportverein; dort lernst du neue Leute kennen. Oder: Ich kenne einen guten Akupunkteur; der setzt dir einige Nadeln, und alles ist weg. Oder: Am Samstag ist eine Party. Ich nehme dich mit; dann kannst du das alles vergessen.

Die üblichen Techniken laufen immer auf das gleiche Prinzip hinaus: Ablenken, Vergnügen, Vergessen, Verdrängen – also Flucht. Sich nur nicht damit befassen – schnell weg damit. Meist ist leider keiner der ‹guten Freunde› dazu bereit, dich wirklich anzuhören. Die übliche Methode, mit ‹solchen Problemen fertig zu werden›, ist offensichtlich die Flucht durch Ablenkung. Also erscheint das in Ordnung, denn die anderen machen es ja genauso.

Du leidest unter handfesten Symptomen: Schlafstörungen, Herzjagen, panikartige Angstphasen, Kreislaufstörungen. Also sprichst du darüber verständlicherweise auch mit deinem Arzt. Doch der hat ebenfalls kein Interesse daran, dir zuzuhören, will nicht wissen, was genau dich quält und warum. Er will nur schnell dein Befinden verbessern. Geholfen ist dir damit nicht.

Ich unterhielt mich schon des Öfteren mit Medizinern über ihre Patienten und die Psychosomatik. Dabei musste ich leider die Erfahrung machen, dass sie über die Psyche so gut wie nichts wissen und auch nichts wissen wollen. Wenn das Wort ‹Emotionen› fällt, erhalte ich die kühl sezierende Frage: «Emotionen, was ist das?» Wenn ich antworte: «Sie sind das Wichtigste, was wir als Menschen haben», kommt meist die ernst gemeinte Antwort: «Das sind doch nur Befindlichkeiten.» Das wirkt abwertend verniedlichend. Es sind *nur* Befindlichkeiten. Meist setzen Mediziner in solchen Gesprächen dann noch nach: «Emotionen sind Sentimentalitäten und Gefühlsduselei.» Bei einer solchen Einstellung den Gefühlen gegenüber kannst du dich als Patient natürlich nicht ernst genommen fühlen.

Gefühle nur Befindlichkeit, nur Gefühlsduselei? Deine Ängste nur Befindlichkeit? Ein Schuldgefühl nur Gefühlsduselei? Liebeskummer, was ist das? Angst vor dem Sterben nur eine Indisposition der Befindlichkeit? Die Bedeutung der Befindlichkeit kommt zum Ausdruck in der Begrüßungsfrage: «Wie geht es dir?» (Also: Wie ist das Befinden?) Das ist eine sehr mitfühlende Frage, und sie kann doch ursprünglich nicht immer so unverbindlich gemeint gewesen sein, wie sie heute gebraucht wird. Wir antworten meist: «Danke, es geht mir gut.» Denn wir haben die Erfahrung gemacht, dass der andere nicht nachfragt, wenn wir sagen: «Es geht mir schlecht.» Oder wir machen die Erfahrung, dass der andere eine gewisse sensationshungrige Neugier erkennen lässt und sich an unserem Unbehagen weidet. Denn vielen scheint dieser Umstand gerade recht zu kommen, zeigt er doch: Da gibt es jemanden, dem es noch schlechter geht, als ich mich derzeit fühle. Sehr selten treffen wir dagegen auf einen mitfühlenden Menschen, der bereit ist zuzuhören, wenn wir zugeben, in einer Krise zu sein.

Die Seele, die Emotionalität, das schlechte Befinden, die Angst und das Unbehagen werden in unserer Gesellschaft nicht mitfühlend getragen. Wer sich von diesen Gefühlen in sich selbst distanziert, tut das zwangsläufig auch bei anderen. Nur nicht lange darüber reden. Schlechte Befindlichkeit ist eine Befindlichkeitsstörung, und unangenehme Gefühle gelten als eine Gefühlsstörung. Lass uns schnell an etwas anderes denken, du musst dich ablenken; du darfst das nicht so ernst nehmen; du musst das vergessen, es hinter dich bringen, auf andere Gedanken kommen, Geselligkeit suchen, neue Leute kennen lernen, dich neu verlieben, neue Aufgaben anpacken;

auch essen tut gut, da es beruhigt; Sex tut auch gut, Urlaub auch, Neues sehen, Kulturellem nachgehen, Konsum genießen auch. Nur nicht nachdenken und nicht darüber sprechen.

Die Seele soll nur Positives vermitteln, ihr soll es immer nur gut gehen. Krise, Traurigkeit, Schuldgefühle, Ängste, Aggressionen, das darf nicht sein. Das Seelische ist offenbar nur für das Genießen da; ansonsten soll es sich zurückhalten. Nur Stärke darf sein, Schwäche nicht. Das ist so unrealistisch. Aber die Verdränger um uns herum fühlen sich als die wahren Realisten. Sie sind jedoch keine Realisten, sind vielmehr Verleugner und Lügner; schließlich leben wir in einer verlogenen sozialen Kultur. Sich selbst zu belügen, anderen etwas vorzumachen und zu verdrängen – das sind übliche Techniken der Lebensbewältigung. Es ist ein Fassadenverhalten. Deshalb möchte ich dir beruhigend sagen: Es ist sehr positiv, dass es dir schlecht geht. Dadurch eröffnet sich dir eine große Chance, dich deiner Seele zu widmen. Beende also die Flucht vor deiner Seele, denn sie gehört zu dir wie deine Hand und dein Gehirn.

Es ging mir in diesem Brief darum, die Bedeutung des Seelischen bewusst zu machen. Das ist notwendig, da die meisten Menschen um dich herum von dieser Bedeutung nichts wissen wollen. Es ist an der Zeit, dass du dich mit dir selbst befasst und deine Flucht beendest. Beginne jetzt, dich selbst zu erforschen. Auch wenn die anderen das für falsch halten (aus Angst vor sich selbst), muss ich dir um so deutlicher sagen: Es ist nicht falsch, sondern es ist der einzige richtige Weg.

Wir haben in der vergangenen Woche telefoniert. Du sagtest, du hättest meine Ausführungen über das Seelische zwar verstanden, aber nicht, warum die Psyche so wichtig wäre. Du könntest es mir zwar einfach glauben, aber es wäre für dich nicht richtig schlüssig. Für dich wäre nach wie vor das Denken, also die rationale Fähigkeit des Menschen, viel wichtiger als die seelische Komponente, denn über den Verstand würdest du Entscheidungen treffen, die für dein Leben von Bedeutung wären. Auf die Emotionalität der Seele dagegen dürfe man sich nicht verlassen.

Du sprachst über die negativen Komponenten der Gefühle; sie wären stimmungsabhängig, rein subjektiv; auf dieser subjektiven Ebene könnten keine objektiven Perspektiven für dein Leben gefunden werden. Du fragtest: «Was bewirkt die Subjektivität der Emotionen? Was sagt sie mir? Ich habe ja gelernt, mich nicht auf sie zu verlassen, sondern den Verstand einzusetzen. Was gibt mir also das Seelische? Begebe ich mich hier nicht auf einen allzu schwankenden und unsicheren Boden? Was habe ich von meiner Seele? Wohin führt sie mich?» Du gabst auf die Fragen selbst die Antwort, indem du sagtest, du wärest der Meinung, du könntest dich auf Seelisches weniger verlassen als auf deinen Verstand. Du hieltest also die Ratio für wichtiger als die Seele und nicht umgekehrt, wie ich behaupte.

Lass uns gemeinsam untersuchen, ob deine Antwort richtig ist. Ich muss dazu nochmal etwas ausholen. Ich habe nicht behauptet, das Denken wäre nicht von Bedeutung. Ich habe Denken, Emotionalität und Körper in einen Ganzheitszusammenhang gestellt und die Struktur aufgezeigt. Die Ratio besitzt in diesem Zusammenspiel eine große Bedeutung, die ich nicht abwerten will. Du benötigst die Denkfähigkeit, um eine Fremdsprache zu erlernen, benötigst sie in deinem Beruf als logisches Denken, um in einem Denksystem Fehler aufdecken zu können, benötigst selbstverständlich die Ratio, um beispielsweise eine Brücke zu bauen, die einsturzsicher ist. Der ganze Bereich der Mathematik ist nur rational anwendbar, nicht emotional. Das ist selbstverständlich.

Ich habe darauf hingewiesen, dass das Denken ein Instrument beziehungsweise ein Werkzeug ist. Wenn du einen Hammer brauchst, dann nimmst du ihn zur Hand, weil er in diesem Augenblick das richtige Werkzeug ist. Mit Emotionalität allein kannst du keinen Nagel in die Wand schlagen. Wenn du ein Loch bohren willst, verwendest du einen Bohrer und keinen Schraubenzieher; er wäre ein zu uneffektives Instrument. Ich will dir die Rationalität ja nicht ausreden. Setze sie dann ein, wenn du sie brauchst. Sie wird oft genug gebraucht. Das ist überhaupt kein Thema.

Wir sprachen über die Frage, wer du als Mensch bist. Du bist der Körper, das ist klar, du schärfst deinen Verstand durch Lernen und Training, das ist in Ordnung. Aber du bist nicht nur Körper und Ratio, denn du verfügst darüber hinaus über eine Seele. Das heißt nicht, dass du emotional reagieren sollst, wenn Rationalität das Instrument der Wahl ist. Ich wollte dir begreiflich machen, dass du auch ein psychisches Leben führst, obwohl du es bisher nicht richtig wahrhaben wolltest. Du kannst so rational sein, wie du willst, das ist in Ordnung; aber du kannst dadurch die Psyche nicht auslöschen. Sie ist da und fordert ihr Recht.

Ich gebe dir ein sehr simples Beispiel, um darüber nachzudenken. Du fühlst Angst und weißt nicht, warum und wovor. Der Körper signalisiert die Angst. Du wachst nachts schweiß-gebadet auf. Der Körper sagt dir nicht, warum; er reagiert nur. Dein Verstand sagt dir auch nicht, warum; er registriert nur die Tatsache (die Symptome). Nun kannst du dir darüber mit deiner Intelligenz Gedanken machen. Mathematische Logik aber führt hier nicht weiter. Du kannst nichts ausrechnen und objektivieren. Angst ist offensichtlich etwas Subjektives. Gut, du hältst nichts vom Subjektiven, ich weiß. Aber dadurch, dass Angst subjektiv ist, nimmt sie nicht ab. Dennoch ist es für dich sehr bedeutungsvoll, über diesen seelischen Vorgang der Angst mehr zu erfahren, denn du leidest schließlich darunter: Es beunruhigt dich zu Recht, nachts schweißgebadet zu er-wachen. Das ist nicht in Ordnung, sagst du, das sollte nicht sein. Du stehst also vor einem Problem. Was unternimmst du? Mit der Ratio ist das Problem nicht zu lösen. Wie soll hier mit der Ratio eine Lösung gefunden werden? Du gerätst ins Grü-beln. Dieses Grübeln aber ist kein logisches und folgerichtiges Denken, ist kein Denken, wie du es gewohnt bist und gelernt hast. Durch Grübeln drehen wir uns im Kreis. Das ist immer so, wenn die Ratio nicht weiterkommt – sie verbalisiert dann im Kreis herum, und du wirst genasführt. Du bist nicht nur Körper – das wäre einfach –, bist nicht nur Ratio – das wäre auch ein-fach; du bist über Körper und Ratio hinaus noch ein anderer, nämlich eine Person mit Psyche. Zu dir gehören also auch Sub-jektivität und Emotionalität. Und du solltest sehr stolz darauf sein, denn dadurch bist du Mensch.

Du wirst nicht abstreiten, dass die Liebe zum Menschsein gehört. Das hoffe ich wenigstens. Du hast dich verliebt. Viel-leicht nicht jetzt gerade, aber du kannst dich zumindest daran erinnern. Wenn du verliebt bist, reagiert dein Körper. Was sagt dein Verstand dazu? Wer hat sich denn verliebt? Die Ratio? Sie kann sich nicht verlieben; das ist ihr wesensfremd. Es handelt sich also um etwas Psychisches, wenn wir uns verlieben. Plötzlich bist du emotional beteiligt. Dein Körper natürlich auch, denn Sexualität ist etwas Körperliches. Aber Verliebtsein geht über das rein Körperliche hinaus. Da ist also noch etwas anderes, und dieses andere übersteigt auch dein Denken. Also was ist es? Auf einmal bist du sehr glücklich, das Psychische zu erleben. Wenn du aber Angst empfindest, bist du unglücklich. In die Verliebtheit lässt du dich genussvoll sinken, der Angst willst du entfliehen. Wenn du verliebt bist, nimmst du das Seelische sehr wichtig; und es erlangt große Bedeutung. Psychisches aber hat dieselbe Bedeutung, wenn du Angst hast.

Du bist in einer emotionalen Dimension, wenn du verliebt bist und wenn du dich ängstigst. Wir begeben uns jetzt auf das Terrain des Psychischen – und dort gelten nicht mehr die naturwissenschaftlichen Gesetze der Chemie und der Physik und der Logik, dort gelten die Wirkmechanismen der Seele. Seelisches ist Subjektivität, und dennoch können wir uns darüber mit Worten verständigen. Das Subjektive der anderen ist uns nicht so wesensfremd, um es nicht zu verstehen. Dieses Verständnis geschieht durch Einfühlung und Mitgefühl.

Angst

Eine der elementarsten seelischen Empfindungen ist die Angst. Ich möchte dir über diese Thematik heute einiges mitteilen. Es geht mir nicht darum, über Angst psychologisches Wissen zu vermitteln und dir etwa die Vielzahl der verschiedenen Ängste und Phobien genau zu beschreiben. Es geht mir vielmehr darum, dich darauf hinzuweisen, dass die Angst für unser Leben von Bedeutung ist und ihren eigenen Stellenwert besitzt. Natürlich gibt es unterschiedliche Ängste: Die Angst vor einer konkreten Situation ist etwas anderes als die Angst vor der Zukunft oder die Angst, eine Aufgabe nicht zu bewältigen. Existenzangst ist wieder etwas anderes als die Angst vor Krankheit und Schmerzen, die Angst vor dem Sterben.

Es ist völlig natürlich, diese verschiedenen Ängste zu haben, also kein Zeichen von Schwäche oder gar ‹Lebensuntüchtigkeit›. Wichtig ist vor allem, wie du mit der Angst umgehst. Zunächst einmal solltest du vor dir selbst zugeben: «Ja, ich habe jetzt Angst.» Schon dieser erste Schritt fällt den meisten sehr schwer, weil Angst ein Tabuthema ist; man spricht nicht über sie. Jeder kennt sie, jeder weiß, dass es sie gibt, aber keiner will offen aussprechen, dass er sie empfindet. Du wirst feststellen, dass es bereits erleichtert, wenn du dir selbst eingestehst: «Ich habe jetzt Angst.» Damit weichst du ihr nicht aus, sondern erkennst diesen normalen seelischen Vorgang an.

Der zweite Schritt ist dann, die Angst zu betrachten. Du schaust sie dir an und beginnst sie zu erforschen. Du gehst deiner Angst mit interessierter Aufmerksamkeit auf den Grund. Dieser zweite Schritt ist deshalb nicht ganz einfach, weil wir üblicherweise keine Zeit haben. Natürlich gibt es Situationen – etwa eine Konferenz, etwa eine Arbeit mit Termindruck –, die keine Muße für diese Innenschau zulassen. Dann wirst du bestimmt des Öfteren glauben, keine Zeit zu haben, da du gewohnt bist, über deine Empfindungen stets mit Aktivität hinwegzugehen. Du solltest jedoch nie denken, Ängste wären unwichtig und deshalb am besten gar nicht zu beachten.

Ängste sind immer wichtig, denn die Seele möchte uns durch sie etwas sagen. Die Sprache der Seele ist von Bedeutung für unser Leben. Es sollte deshalb täglich genügend Zeit sein – Zeit, die du dir selbst widmest, in der du die Seele zu dir sprechen lässt. Du musst dir diese Zeit einfach nehmen, abends vielleicht, vielleicht auch morgens vor dem Aufstehen. Ich weiß, du sagtest, du seist abends todmüde, bräuchtest auch Zeit für dein Hobby, und morgens sei die Zeit auch zu knapp bemessen. Außerdem stündest du immer unter Zeitdruck. Ich kann dir nur antworten: Du solltest dir trotzdem diese Zeit zur Selbstbetrachtung nehmen. Organisiere deinen Tag neu, damit du diese Zeit für dich haben wirst.

Wenn du nicht stillsitzen kannst, um dich zur Selbstbetrachtung in dich zu versenken, dann mache einen Spaziergang in der Natur – allein. Ein Spaziergang mit anderen bringt nichts, weil dann geredet wird und deine Seele nicht wirklich still werden kann, denn Gespräche sind verbale Kommunikation und beschäftigen viel zu sehr das Gehirn.

Du sagtest, du könntest dich auch mit einem Freund zu einem Gespräch treffen, um über deine Gefühle zu reden. Es ist gut, dass du einen solchen Freund hast, mit dem du darüber reden kannst. Erhalte dir diese Gespräche, aber sie ersetzen nicht, dass du deine Angst betrachtest und ihr auf den Grund gehst. Diese Zwiesprache zwischen deinem Seelischen und deinem Selbst ist durch nichts anderes zu ersetzen.

Du siehst, ich referiere nicht wissenschaftlich über die Angst. Wissenschaftlich fundierte Erkenntnisse sprächen nur deinen Intellekt an, und diese Erkenntnisse würdest du als Informationen im Gedächtnis speichern, würdest sie letztendlich annehmen, ablehnen oder als ‹interessant› bezeichnen – und würdest dich über den Intellekt davon distanzieren. Es geht hier aber nicht um wissenschaftliche Begriffe, die du erlernen und einordnen sollst, sondern es geht hier um deine ganz persönlich empfundene Angst. Du kannst sie nicht erfassen, indem wir allgemein über Angst diskutieren.

Es ist deine subjektive Angst. Du weichst ihr nicht aus, sondern beginnst sie zu erforschen. Wie fühlt sie sich an? Nicht ich sage dir, wie sie sich bei den anderen ausdrückt, sondern du selbst fühlst sie in dir. Es ist deine eigene Angst, und du gehst ihr jetzt auf den Grund.

Die Angst sagt dir: Da gibt es ‹etwas›, das dich ängstigt. Die Angst hat eine Ursache. Es ist da etwas, das dir unheimlich vorkommt, etwas, das du nicht klar genug siehst, oder etwas, das dich bedrohen könnte. Du wirst feststellen, dass dein Denken und die Realität auseinander klaffen. Ich gebrauche jetzt nur ein Beispiel: Du möchtest diesen Job annehmen, weil du dann mehr Geld verdienst. Aber beim Vorstellungsgespräch fühltest du dich in der Gegenwart deines späteren Chefs äußerst unwohl. Du spürtest, dass du mit seiner Mentalität nicht zurechtkommen wirst. Dir wird klar, dass du auf einige Fragen ausweichende Antworten erhalten hast. Du willst diesen Job, aber du hast Angst, dass es schief gehen wird. Es ‹stimmt› etwas nicht. Die Angst warnt dich. Du wirst dir also Gewissheit verschaffen und diese klärenden Fragen noch stellen. Nicht die Angst soll niedergerungen und überwunden werden, sondern das, was dir Angst macht, sollte noch geklärt werden. Mutig ist nicht derjenige, der die Angst nicht beachtet (er ist eher dumm), sondern mutig ist derjenige, der seiner Angst auf den Grund geht und alles betrachtet, was damit zusammenhängt, um dann die weiterführenden Fragen zu stellen, um sich mehr Gewissheit zu verschaffen. Es ist mutig, die Realität so zu sehen, wie sie ist, sie also nicht zu schönen.

Wenn wir mit einem Bild leben, wie die Realität sein sollte, dann korrigiert die Angst. Das Denken konstruiert sich eine eigene Wirklichkeit, projiziert Vorstellungen, Wünsche und Ideen. Die Seele ist viel näher an der Realität; sie reagiert mit der Angst, die dir sagt, du musst die Realität nochmals ins Auge fassen. Die Angst taucht auch dann auf, wenn etwas nicht so ist, wie du es dir wünschst. Du wünschst dir beispielsweise, dass dich diese Frau, die du heiraten möchtest, liebt. Deine Seele registriert aber Anzeichen dafür, dass sie dich nicht liebt. Die Folge ist das Aufkommen der Angst. Während eines Essens im Restaurant hast du plötzlich einen unerklärlichen Druck auf der Brust. Das ist ein psychosomatisches Symptom der Angst – du meinst, von ihr nicht geliebt zu werden. Wenn du dieser Angst auf den Grund gehst, erwächst dir die Kraft und Klarheit, die Wirklichkeit noch schärfer zu beobachten. Die Angstreaktion deiner Seele ist also nicht dein Feind, sondern dein hilfreicher Freund.

Zweites Kapitel
Macht, Ohnmacht und Reife des Ich

Wie du weißt, halte ich viel von Individualität und einer authentischen Lebensauffassung. Dabei übersehe ich keineswegs, dass wir nicht alleine auf dieser Welt sind, sondern in sozialen Umfeldern leben, in Partnerschaften, in beruflichen Teamgemeinschaften und in einer Gesellschaft, wie immer sich auch ihre politische Zielsetzung und ihre soziale Ausstrahlung darstellen mag.

Wenn sich zwei Menschen begegnen, dann begegnen sie sich oft nicht als Individuum, das respektiert und toleriert wird, sondern sie messen sich gegenseitig. Wir sind konditioniert, beim Kontakt mit einem anderen in Konkurrenz zu treten. Ich will etwas von ihm, und er will etwas von mir. Wir vergleichen uns gegenseitig. Was kann er besser? Was kann er nicht? Wo ist er stärker, wo bin ich stärker? Es geht um Überlegenheit und Unterlegenheit. Das ist ein Vorgang, der in alle unsere Kontaktbeziehungen hineinspielt. Wir müssen uns also damit befassen und Klarheit darüber erlangen. Es geht hierbei auch um die Angst und natürlich auch um die Ich-Stärke, um Macht und Ohnmacht und auch um die Autoritätsfrage.

Wir wollen gemeinsam diese Fragen lösen, um aus allen Konflikten, die damit verbunden sind, herauszukommen. Willst du Macht haben? Ich weiß, du bist kein Machtmensch, vergleichbar etwa einem Politiker, der nach gesellschaftlichem

Einfluss strebt. Aber damit ist das Problem nicht gelöst. Es geht um den ganz normalen Kontakt im Privatbereich, im Beruf und um deine Einstellung zu dir selbst. Das Problem ist sehr umfassend, aber es ist nicht so kompliziert, wie es auf den ersten Blick erscheint.

Wir kommen zurück auf dein Selbst. Du möchtest anerkannt werden von deinen Mitmenschen als derjenige, der du bist. Der andere möchte das auch. Bei einer ersten Begegnung tastet ihr euch dann gegenseitig ab: Was macht er beruflich, welche Ausbildung hat er, aus welcher Familie stammt er, wie viel Geld verdient er, was besitzt er? Diese Fragen erscheinen dir ganz natürlich. Was steckt psychologisch dahinter? Wir vergleichen mit mehreren Wertmaßstäben wie Bildung, Einkommen, Vermögen, gesellschaftlicher Stellung und Einfluss. Das erscheint dir ganz normal, denn du bist von Kindheit an nichts anderes gewohnt; dieses Vergleichen ist dir in Fleisch und Blut übergegangen. Wer ist der andere im Vergleich zu dir? Wo steht er, wo du? Was leistet er, was leistest du? Schließlich leben wir in einer Konkurrenz- und Leistungsgesellschaft. Und so messt ihr während eines Kontakts sozusagen eure Kräfte und Werte.

Die Werte, die dabei eine Rolle spielen, sagen sehr viel aus. Nach welchen Werten wird gemessen? Es sind politische, religiöse, berufliche, kulturelle, finanzielle, statusorientierte, intellektuelle, körperliche und ästhetische Werte. Du bist gefangen in diesem Wertesystem, ordnest dich selbst und die anderen darin ein. Der Vergleich ist also die Ursache für alle Probleme, Konflikte und Ängste im Umgang mit den Mitmenschen. Wenn dieser Vergleich nicht wäre, könnten wir uns so nehmen, wie wir sind.

Der Vergleich in einem Wertesystem, der als Maßstab zugrunde liegt, führt zu der Abschätzung von Überlegenheit oder Unterlegenheit, also von Stärke oder Schwäche. Stärke ist angenehm, Schwäche macht Angst – womit wir wieder bei der Angst sind. Ein Leben in einer Gesellschaft, die den Vergleich verinnerlicht hat, ist ohne Angst nicht möglich. Die Angst gehört jeden Moment dazu. Du siehst also, wie töricht es ist, von der Angst nichts wissen zu wollen. Du musst dich damit befassen, wenn du deine inneren Mauern einreißen willst.

Es fällt dir schwer, den Ausweg zu finden. Ich weiß. Du willst ihn aber finden. Du willst ein für alle Mal da heraus, denn du willst dich selbst und deinen Weg finden und mit dir selbst im Einklang, willst dein Ich leben. Also musst du den Vergleich fallen lassen. Wenn du selbst nicht mehr vergleichst und dich nicht mehr dem Vergleich in deiner Einstellung auslieferst, bist du draußen, dann bist du in der Freiheit. Die Macht spielt dann keine Rolle mehr. Du hast die Angst hinter dir gelassen, weil du nicht mehr auf deine Überlegenheit oder die des anderen fixiert bist. Du betrittst Neuland. Dieses Fallenlassen des Vergleichs macht alles neu. Du siehst dich selbst und die anderen mit frischen Augen. Es gibt keine Diskussion mehr über Bewertungen. Ich weiß nicht, ob du mir in letzter Konsequenz gefolgt bist. Wenn du denkst, dass der andere ja immer noch mehr hat, dieses oder jenes besser kann als du, dass er etwas besitzt, das du auch haben willst, dann hast du nicht erkannt, was ich dir sagen wollte. Die Angst wird dir zeigen, sie wird dich darauf hinweisen, wird dir sagen, dass du immer noch vergleichst. Solange du vergleichst, entsteht wieder und wieder Angst, bist du nicht in Freiheit.

Das alles sagt nichts gegen Kompetenz. Wer etwas weiß, was der andere nicht weiß, der hat eben fachliche Kompetenz. Wenn du beispielsweise durch Paris schlenderst, und deine Freundin kann Französisch, du aber nicht, dann wird sie sich natürlich in der Landessprache nach dem Weg erkundigen. Das ist ganz normal. Wenn sie sich dabei allerdings darüber lustig macht, dass du die französische Sprache nicht beherrschst, bringt sie das Werteproblem hinein. Du kannst dann mit Angst reagieren und dich rechtfertigen oder jeglichen Vergleich zwischen euch nicht gelten lassen. Du lässt ihr die Kompetenz, und deine Beziehung bleibt davon wertfrei unangetastet. Du brauchst kein Autoritätsgerangel. Wenn sie allerdings dieses Gerangel sucht, dann zeigt sie ihre Unfreiheit und Unreife. Hast du nun Angst, sie zu verlieren, weil sie in diesem Moment mehr Kompetenz und Autorität besitzt? Wehrst du dich? Wenn ja, lieferst du dich dem Werteproblem aus. Wenn du vergleichst oder wenn du verglichen wirst, dann ist keine Liebe da. Wenn du eine Fähigkeit oder eine Fertigkeit besitzt, hast du Kompetenz, nicht mehr und nicht weniger. Dieser Teil von dir sagt nichts über das Ganze.

Es gibt eine Dimension in unserer Seele, die alles vereint und alles anders macht als der Verstand mit seinen konstruierten Bildern: die Liebe. Wenn du liebst, vergleichst du nicht mehr. Es ist alles an seinem Platz. Es gibt keine Überlegenheit oder Unterlegenheit. Es gibt dann weder Macht noch Ohnmacht, Schwäche oder Stärke. Die Liebe ist voller Aufmerksamkeit und Achtung für das, was ist, nicht für das, wie es sein sollte oder könnte ...

Das Autoritätsproblem ist für dich nach meinen bisherigen Aussagen nicht einfach vom Tisch. Selbstverständlich versicherst du mir, dass du über andere keine Macht ausüben willst und dich gegen jegliche Machtausübung anderer (dir gegenüber) zur Wehr setzen wirst. Das ist ein guter Vorsatz. Aber ist er auch Realität?

Wir dürfen Ich-Stärke nicht mit Macht oder Autorität verwechseln. Wenn ich von der Stärkung des Ich spreche, dann meine ich keine Stärkedemonstration den anderen gegenüber, sondern eine Stärke, die sich entfaltet, wenn ich mein eigenes Ich so annehme, wie es ist, also auch, sobald sich Aggression in mir regt, die ich gegenüber anderen zum Ausdruck bringen möchte. Es spielen hier verschiedene Begriffe ineinander: Ich-Stärke, Macht, Autorität, Aggression und Gewalt. Die Gegenmerkmale sind folglich Ich-Schwäche, Unterwürfigkeit, Anpassung, Demut und Gewaltlosigkeit. Jeder dieser psychischen Merkmale ist sehr differenziert und könnte definiert werden. Ich möchte jedoch für solche Definitionswortspiele keine Zeit verschwenden, sondern möchte dich vielmehr anregen, deine eigenen Empfindungen zu erforschen.

Was geschieht in dir, wenn du aggressiv wirst? Es stellen sich dir Schwierigkeiten in den Weg, die dich frustrieren. Frustration erzeugt Aggression: Aus einer Enttäuschung heraus wirst du aggressiv. Du kannst diese Aggression ausdrücken oder unterdrücken. Wenn du sie zum Ausdruck bringst, dann wirkst du offen und selbstbewusst; wenn du sie unterdrückst, wirkst du angepasst und depressiv. Aggression gegenüber anderen ist aber immer eine Form der Gewalt.

Es gibt keineswegs nur physische Gewalt, indem wir andere etwa schlagen, sie gar mit einer Waffe bedrohen. Viel häufiger ist die psychische Gewalt, und die wird juristisch nicht als eine Form der Körperverletzung erkannt. Da Psyche und Soma aber, wie bereits erwähnt, miteinander verbunden sind, hat geistig-psychische Gewalt automatisch Auswirkungen auf das Somatische. Psychisch-geistige Gewalt ist aufgrund unserer Psychosomatik also sehr wohl ‹Körperverletzung›.

Wenn ich dich mit verbaler Ironie angreife, bewege ich mich in einer Grauzone, die oft toleriert wird. Ich kann deine Kleidung kritisieren, dein Aussehen oder dir ungeschickte Wortwahl im Gespräch vorhalten. Ich kann dir bewusst machen, dass du dieses oder jenes Fremdwort nicht kennst, kann deine Meinung über ein Thema der Lächerlichkeit preisgeben und rechthaberisch meine Meinung als die bessere darstellen. Das ist geistige Gewalt, die psychosomatische Auswirkungen hat. Ich kann dich kränken durch einen überheblichen Ton und verächtlich machende Gestik.

Das alles sind subtile Methoden der Gewalt, mit den Folgen der psychosomatisch wirkenden Körperverletzung. Ich kränke dich und kann dich weiter kränken, indem ich dann sage, wenn ich deine Betroffenheit sehe: «Sei doch nicht so empfindlich.» Damit habe ich dich erneut gekränkt, also körperverletzt. Vielleicht bin ich dir nur verbal überlegen und mache dich ‹mundtot›, und du wirst immer stiller und kleinlauter, denn du fühlst dich schwach, und das ist dir peinlich. Keiner soll diese Schwäche bemerken. Ich kann all meine Intelligenz aufbieten, auf dich bezogen, es geschieht immer nach dem gleichen Prinzip: Ich bin intelligenter, ich weiß mehr, ich habe mehr Geld, ein größeres Haus, kenne einflussreiche Menschen, bin witziger, schlagfertiger, kreativer ... So gehen wir alltäglich miteinander um. Ich möchte dir bewusst machen: Wir gehen herzlos miteinander um.

Du wendest ein, das wäre kein gutes Benehmen, kein Takt, kein Stil und wäre deshalb primitiv. Dann schau dir die Menschen an, die aus ‹guten Familien› kommen, die glauben, sie wüssten sich gut zu benehmen. Sie wissen vielleicht, wie man den italienischen Botschafter richtig anspricht oder einen englischen Lord tituliert, kennen demnach oberflächliche Regeln. Das sind aber alles nur Umgangsformen, die jeder lernen kann. Sie hindern sie nicht an herzlosem Benehmen durch verbale Ironie und süffisante Redewendungen. Durch Intellekt und Charme wird die Aggression der vergröberten Form in die subtilere verbale Form gekleidet. Sie bleibt aber, was sie ist: Körperverletzung.

Auf dem so genannten ‹gesellschaftlichen Parkett› drücken sich die Aggressionen ‹feiner› aus, aber sie sind dadurch nicht verschwunden. Auf dem spirituellen Gebiet der Religionen ist es keineswegs anders. Die Dispute um die Gläubigkeit sind so banal alltäglich. Es wird darum gewetteifert, wer inbrünstiger glaubt, wer Jesus besser verstanden hat und gottgefälliger lebt. Der eine geht ins Kloster, um überlegener zu werden; der andere will Bischof werden oder Kardinal, um Gott näher zu sein. Einer geht in die Slums, um durch sein soziales Engagement zu beeindrucken; ein anderer zieht sich in eine Höhle zurück und entsagt dem Weltlichen, wieder ein anderer betet drei Stunden täglich und stiftet sein Vermögen der Kirche. Ein weiterer versucht die Lehre Christi neu auszulegen und Christus zu interpretieren. In Diskussionen wetteifern sie dann, wer Christus besser versteht. Es geht um Dokumentation der eigenen Stärke, selbst in diesen religiösen und moralischen Dingen. Nun könntest du sagen, die Menschen seien einfach so, weshalb wir nichts dagegen machen könnten.

Du kannst alles zu einem Wettbewerb machen, deine Intelligenz, dein Wissen, deinen Kunstverstand, die Religiosität, die soziale Einstellung, die Moral, das Gute, die Ästhetik. So können alle Gebiete des Denkens, der Psychologie und der Philosophie mit Aggression und Gewalt zersetzt werden. Es wird Angst erzeugt und der andere an die Wand gedrückt. Alles, aber wirklich alles, auch das anscheinend Sozialste, kann zu einem Machtfaktor werden.

Um Gewalt auszuüben, muss der andere dazu bereit sein, muss er Mitspieler sein. Du kannst deshalb jede Gewaltausübung gegenüber deiner Person unterbinden, wenn du nicht mitspielst, jedoch nicht im Sinne eines Spielverderbers, der beleidigt das Spielfeld zerstört (denn auch das ist Gewalt).

Du kannst dich auf dich selbst beziehen und deine eigene Aggression und Gewalt erkennen. Die Gewaltfreiheit ist dann kein Ideal. Du erforschst die Aggressionen in dir. Indem du dich selbst erkennst, erkennst du auch die anderen. Durch diese tiefe Erkenntnis verliert jede Macht ihre Bedeutung, und die psychosomatische Reaktion der Kränkung wird unterbrochen.

Sexuelle Macht und sexuelle Ohnmacht

Wir haben gemeinsam betrachtet, welch elementare Bedeutung die Ängste als psychisches Phänomen in unserer Selbsterkenntnis haben. Vergleichbar psychisch elementar sind Aggressionen und die damit verbundene Gewaltausübung.

Mit diesen Erfahrungen hängt unsere Meinung von Macht und Ohnmacht zusammen. Unsere gesamte Kommunikation ist durchsetzt vom Leistungs- und Konkurrenzprinzip. Es ist einem marktwirtschaftlichen Gesellschaftssystem immanent; alle Bereiche unserer existenziellen Entfaltung werden davon durchdrungen. Ich muss die gesellschaftlichen Einflüsse so betonen, weil du dich auf den Weg der Selbstfindung gemacht hast. Wir können das gesellschaftliche Umfeld nicht einfach ignorieren. Selbstfindung heißt ja nicht, sich zu separieren, also so zu tun, als wäre man eine Insel in diesem Gesamtgefüge. Du lebst nun einmal als Individuum in einem Kommunikations- und Beziehungsgeflecht mit anderen. Ich weiß, du selbst strebst keine Macht an. Doch wie steht es mit den Menschen, mit denen du täglich direkt oder indirekt zu tun hast? Indem du für dich Machtausübung ablehnst, ist die Machtproblematik, die dich umgibt – denn das ist Realität –, nicht beseitigt. Die Aggression und das Überlegenheitsbedürfnis der anderen bedrängen dich nach wie vor. Nicht einmal im Bereich der Partnerschaft und der Liebe wirst du davon verschont.

Die Liebe ist von großer Bedeutung für das Lebensglück. Deshalb werden wir mit diesem seelischen Phänomen auch tagtäglich konfrontiert. Da sind die Religionsgemeinschaften, die ständig die praktizierende Liebe predigen, da sind die elektronischen und die Printmedien, in denen ohne Unterlass von der Liebe gesprochen und geschrieben wird. Die Liebe ist auf allen Kanälen und in allen Gazetten zu jeder Tages- und Nachtzeit ein Thema. Und damit verbunden auch die Sexualität.

Wenn du die Dimension der Liebe betrittst, glaubst du vielleicht, die elementaren Probleme der Angst, der Aggression, der Macht wie der Ohnmacht verlassen zu können. Aber jede, auch deine Liebesbeziehung ist davon durchdrungen, ebenso wie die Sexualität. In der Liebe zwischen den Geschlechtern ist die Sexualität eine sehr wichtige Realität. Insgesamt hat die Sexualität große Bedeutung erlangt, wobei die Liebe oft dahinter zurücktritt.

Du liebst mit deiner ganzen Persönlichkeit, mit deiner Seele, deinem Geist, deinem Körper. Die Körperfunktion des sexuellen Kontakts ist ziemlich einfach. Rein biologisch ist daran nichts Kompliziertes zu entdecken. Die anatomischen und medizinischen Zusammenhänge sind eindeutig. Wir wollen aber in unsere gemeinsame Betrachtung auch den Geist und die Psyche mit einbeziehen. Also gelangen wir wieder zur Angst, zur Aggression und zu den Problemen Macht, Anpassung und Ohnmacht. Kaum eine Liebesbeziehung ist frei davon.

Die Liebe selbst, so wie ich sie in meinem Buch *Die Liebe* beschrieben habe, ist davon unabhängig. Das Wesen der Liebe aber ist das eine, dein Verhalten als Liebender, als sexuelle Persönlichkeit, ist das andere. In unser sexuelles Verhalten fließen unser Geist und unsere psychische Struktur mit ein.

Also geht es auch in der Sexualität, als Ausdrucksfeld der heterosexuellen Liebe, um Macht und Ohnmacht. Das sexuelle Lustgefühl ist damit verbunden. Deshalb ist sexuelle Liebe – besser sexuelles Verhalten – nicht nur Zärtlichkeit, Geben, Aufgeben, Verströmen des eigenen Seins, Aufgehen im anderen, verbunden mit Aufmerksamkeit und Respekt.

Wir leben in dem Spannungsverhältnis von Macht und Ohnmacht, von Autorität und Anpassung. Auch die Sexualität bleibt leider nicht frei davon. Der Kampf um Macht und Anpassung durchdringt jede Berührung. So wird Liebe zu einem Machtspiel, und damit ebenso die Sexualität. Es geht auch hier um Aggression und Gegenaggression, es geht um Überlegenheit und Unterlegenheit, um Geben und Nehmen, um Beherrschung und Unterdrückung. Das alles ist mit sexuellen Empfindungen verknüpft. Wenn du andere beherrschen willst, dann kommt das in der elementaren Dimension der Sexualität zum Ausdruck. Vielleicht bist du im Beruf der angespannte Unterdrückte; dann willst du deine Partnerin sexuell unterdrücken und Macht über sie ausleben. Vielleicht bist du im Beruf der Überlegene mit großen Machtkompetenzen; dann genießt du es, dass in der Sexualität über dich Macht ausgeübt wird, und du bist bereit, dich zu fügen und unterzuordnen. Unterwerfung und Dominanz, diese beiden Verhaltensweisen, spielen in der sexuellen Lustgewinnung eine große Rolle. Allerdings: Wer sexuellen Lustgewinn aus der Unterwerfung bezieht, wird als ‹masochistisch› bezeichnet, und wer sexuellen Lustgewinn aus der Dominanz gewinnt, gilt als ‹sadistisch›. Du siehst, wir müssen uns mit der Psyche viel eingehender befassen, jeder für sich mit seiner Psyche, denn wir nehmen ja unsere Sexualität und das sexuelle Glück, das wir erfahren, sehr wichtig; manche sagen, viel zu wichtig.

Du kannst dich auch in deiner Sexualität erkennen. Deine sexuelle Stimulanz sagt dir, wer du bist, aber auch die Lust des anderen sagt dir, wer sie (er) ist. Aber auch das ist nicht einfach zu schablonisieren. Wer sich sexuell gerne unterordnet, ist nicht frei von Machtbestrebungen, und wer gerne dominant sexuell agiert, ist nicht zwangsläufig ein Machtmensch. Dominanz bedeutet auch nicht zwangsläufig Sadismus, und Anpassung oder Unterordnung nicht Masochismus.

Wir sind Geprägte dieser Gesellschaft. Geformte eines breiten Erziehungsmusters, Individuen, denen verschiedenste Verhaltensmuster und -weisen in einem komplexen Kontext begegnen. Wir sind Gestörte und Geschädigte. Wir können nicht frei umgehen mit unserer Angst, mit der Dominanz und der Unterordnung. Wir beziehen deshalb auch Lustgefühle aus einer neurotischen Haltung. So werden Dominanz und Unterwürfigkeit zu einem sexuellen Problem. Das sexuelle Lustgefühl geht fatale Verbindungen ein, und die Sexualität löst sich von der Liebe ab.

Psychologisch gesehen, ist Liebe etwas ganz Eindeutiges und Klares; sie ist Aufmerksamkeit und Sensitivität. Die Sexualität aber ist nicht nur körperlicher Vollzug dieser Offenheit, denn sie bringt die ganze Problematik unserer Struktur mit ein. Unsere Sexualität offenbart seelische Deformationen viel deutlicher als das Gespräch (sofern wir uns öffnen). Aber auch im elementaren Bereich der körperlichen Entfaltung hält uns das Denken oft zurück, und nicht einmal das, was uns Lust macht, können wir offen ausdrücken. Dabei arbeiten die Phantasien im Geheimen. Daraus ergibt sich folgendes Idealbild: Wenn wir über unsere Phantasie reden und dann sogar in Handlung umsetzen, dann werden wir uns selbst erkennen und erkannt werden. Auch das ist Entfaltung von Ich-Stärke und Subjektivität.

Die Einfachheit und das Glück

Vor einiger Zeit schickte mir ein Leser ein Märchen zu, das er selbst verfasst hatte. Es ist ein Gleichnis für unsere Suche nach Status, Glück und Liebe. Ich bat den Leser darum, es veröffentlichen zu dürfen. Er gab mir die Erlaubnis, möchte aber nicht namentlich als Autor genannt werden. Möge dieses Märchen in dir etwas berühren und zum Klingen bringen.

«Es war einmal ein Bauernbursche. Sein Vater war sehr streng und herrisch. Er verlangte viel, lobte nie, und selten konnte der Junge etwas recht machen. Seine Mutter war wohl eine gute Frau, musste aber ihrem Mann auch folgen und starb früh. So hatte der Bauernbursche viel zu arbeiten und wenig zu lachen. Dadurch lernte er schon bald, bescheiden und ausdauernd seine vielen Pflichten zu erfüllen.

Eines Tages geschah es, dass er sich in eine Prinzessin verliebte. Zu seinem großen Glück wies die Prinzessin seine Liebe nicht ab. Sie sagte dem Bauernburschen zwar, dass er noch viel lernen müsse, um ihrem Stande einigermaßen zu entsprechen, aber das fürchtete er nicht, das war er von Jugend an gewohnt.

Von Stund an nahm er jede Belehrung und Kritik von seiner Prinzessin an, und nichts war ihm wichtiger, als ihre Aufgaben und Wünsche zu erfüllen. Da er sehr gelehrig war, lernte er schnell. Das war aber auch notwendig, denn seine Prinzessin war selten zufrieden und stellte immer höhere Ansprüche. Das ging lange Jahre gut, und der Bauernsohn konnte sich nichts Schöneres denken, als seiner Prinzessin alle Wünsche zu erfüllen. Mehr noch, denn sehr oft erriet er ihre Wünsche schon im Voraus.

So kam eine Zeit, da wusste die Prinzessin nicht mehr, was sie sich wünschen konnte, weil sie schon alles hatte. Der Bauernsohn freute sich und glaubte, dass es ihm jetzt gelungen war, die Prinzessin wunschlos glücklich gemacht zu haben. Das war sein einziges Ziel gewesen, und ein größeres Glück konnte er sich nicht vorstellen.

Das merkte die Prinzessin wohl, aber dieses Glück gönnte sie dem Bauernsohn nicht. Sie fürchtete, dass er dann nicht mehr ihr Diener sei. Sie wollte nicht einfach nur glücklich sein. Zu ihrem Glück gehörten auch das Befehlen und das Herrschen. Das machte sie unzufrieden.

Der Bauernsohn konnte ihr immer weniger recht machen. Sein guter Wille ermüdete aber nicht, und er liebte sie noch mehr. Doch es kam eine schwere Zeit für ihn, denn sie fand an allem, was er ihr zuliebe tat, etwas auszusetzen. So wünschte sie sich einmal viele schöne Rosen, und der Bauernbursche ging und suchte ihr die schönsten roten Rosen. Strahlend vor Freude brachte er ihr die üppige Blumenpracht. Sie prüfte die Rosen kritisch; dabei kratzte sie sich an den Dornen. Voll Entsetzen und Groll warf sie ihm die Blumen vor die Füße und schimpfte, er wolle sie mit den Dornen verletzen. Der Freude beraubt und traurig, schlich sich der Bauernsohn davon. Aber nicht lange, dann machte er sich erneut auf die Suche nach Rosen. Diesmal entfernte er sorgfältig alle Dornen, um zu beweisen, dass er seine Prinzessin liebte und sie nicht verletzen wollte. Inzwischen hatte sich auch der Zorn der Prinzessin gelegt; sie prüfte die Blumen und meinte verächtlich: ‹Das sollen Rosen sein? Sie haben ja nicht einmal Dornen! Willst du mich zum Narren halten?› So oder so ging es oft. Das machte den Bauernsohn manchmal sehr müde und fast mutlos.

Ein andermal meinte sie, er solle als Liebhaber Neues lernen, und er solle doch bei anderen Frauen versuchen, mehr Liebeskünste zu erfahren. Das war eine große Aufgabe, weil er doch nur die Prinzessin liebte. Bald darauf begegnete er einer Frau, die gerne bereit war, ihn diese Künste zu lehren. Um seiner Prinzessin auch diesen Wunsch zu erfüllen, willigte der Bauernsohn schweren Herzens ein. Schnell fand er Freude an dieser Lehre.

In der sicheren Überzeugung, jetzt auch noch das Letzte gelernt zu haben, um seine Angebetete endlich ganz glücklich zu machen und das neu Erlebte mit ihr gemeinsam zur edlen Blüte, zur großen Einheit, zur reinsten Vollkommenheit reifen zu lassen, kehrte er nach kurzer Zeit zu seiner Prinzessin zurück. Sie war eifersüchtig, entsetzt, unterstellte ihm Untreue und hörte nicht mehr auf, ihn zu bestrafen. Sie verweigerte ihm ihre ohnehin schon knapp bemessene Liebe. Stattdessen lockte die Prinzessin durch die Hintertür vorbeiziehende Wandergesellen herein und überschüttete diese mit einer Gunst, deren sie den Bauernsohn sein ganzes Leben lang nicht für würdig erachtet hatte.

Einmal trieb sie es mit einem Wandersmann so wild, dass ihre Kleider zerrissen. Da erkannte der Bauernsohn, dass in den königlichen Gewändern keine Prinzessin, sondern nur eine Küchenmagd verborgen war. Weil der gute Bauernsohn aber die ganze Zeit ja ihr Inneres, ihr Herz, gesucht und geliebt hatte, liebte er sie weiterhin – eigentlich noch mehr – auch als Küchenmagd. Das wollte sie aber nicht. Daher zog sie erst recht die Wandergesellen vor, die für kurze Zeit die Behaglichkeit ihrer Stube schätzten und die Lust und Wärme ihres Bettes suchten, um ihr dafür die Illusion einer Prinzessin zu lassen. Der Bauernsohn aber war sehr lange Zeit rat- und hilflos und oft zu Tode betrübt. Da endlich spürte er in seiner Brust etwas Neues, ganz Unvorstellbares wachsen. So ein großes, gutes, erhabenes, königliches Gefühl. Der einfache Mann konnte es nicht glauben und war fast erschrocken darüber. Doch es entwickelte sich weiter und weiter. Mit der Zeit wurde es ihm immer bewusster, dass er, der Bauernsohn von früher, im Inneren immer mehr ein König wurde. Zugleich wuchs auch ein Königreich mit – so groß, dass es die Grenzen der Erde bei weitem überstieg. Und doch ist alles ganz still in seinem Herzen verborgen und behütet. Da er immer noch lebt, wachsen König und Reich dauernd weiter und könnten des Öfteren fast seine Brust sprengen. Wer aufmerksam und guten Willens ist, sieht bei ihm manchmal das Leuchten in seinem Inneren durch-scheinen.»

Da sie nicht gestorben sind, leben sie heute noch. Wenn du mit dem Herzen verstanden hast, erübrigt sich jede weitere Interpretation. Wir wollen das Märchen deshalb nicht psycho-logisch analysieren und diskutieren, um seine Schönheit und Wahrheit nicht anzutasten.

Sexualität und Persönlichkeitsstruktur

In dein sexuelles Verhalten fließt die gesamte Persönlichkeits-struktur mit ein, deine Ängste, deine Aggressionen und natür-lich auch deine Sensitivität. Eine Behandlung von sexuellen Störungen ist deshalb nicht ohne Psychologie möglich.

Die häufigsten sexuellen Störungen sind Impotenz und Frigidität. Neben den seltenen rein organischen Ursachen da-für sind meist psychisch-geistige Ursachen verantwortlich zu machen. Für Sexualstörungen sind jedoch die Mediziner zu-ständig. Der Mediziner aber hat gelernt, nur Organisches zu sehen und Psychisch-Geistiges in den Bereich des Nebulösen und Unwissenschaftlichen zu schieben. Das nur nebenbei be-merkt, denn Impotenz ist für dich kein Thema. Oder vielleicht doch? Du hast mir erzählt, dass deine sexuelle Begierde nach-ließe, wenn du mit einer Frau eine feste Beziehung eingingest. Du hast gesagt, dass dann die ‹sexuelle Spannung› nachließe, weil sich eine Art ‹Gewöhnungsprozess› einstellt. Und damit sind wir wieder mitten im Thema Selbstentfaltung.

Es herrscht allgemein die Auffassung, dass Liebe und sexuelles Begehren im Laufe der Zeit nachließen. Du kannst mit deinen Freunden und Bekannten das Thema ansprechen, und du wirst in überwiegender Mehrheit feststellen, dass Folgendes die übliche Meinung ist: Zuerst kommt die Verliebtheit – ein besonders intensiver Zustand der gegenseitigen Anziehung –, dann geht diese über in Liebe – eine Vertiefung der Gefühle, auch der sexuellen –, dann entsteht eine Partnerschaft oder Beziehung, und danach lässt die sexuelle Intensität sporadisch mehr und mehr nach. Durch die Gewohnheit stellt sich sexuelles Desinteresse ein oder auch Lethargie oder zeitweise Impotenz und Frigidität. Es gilt als allgemeine Binsenwahrheit, dass das sexuell erlebte Hochgefühl nachlässt, weil sich ‹der Alltag› einstellt und sich die Sexualität nach und nach ‹abschleift›. Man äußert in Gesprächen, dass das normal und der übliche Gang der Dinge sei, weshalb man sich damit abfinden müsse.

Die sexuelle Entfaltung der Liebe unterliegt nach dieser gängigen Meinung einem Prozess, der unabänderlich ist: Verliebtheit, Liebe, Beziehung, Lebens- und Wirtschaftsgemeinschaft, Niedergang der sexuellen Anziehung. Du kennst diese Argumentationskette aus eigenen Gesprächen mit Freunden und Bekannten. So denken fast alle, Männer wie Frauen. Der sexuelle Reiz liegt dann im Seitensprung. Hier aktivieren sich wieder alle Energien für das Neue. Das Alte ist reizlos geworden, und das Neue aktiviert unsere Sinne. Das ist die Realität. Wir wollen nun beide erforschen, welche Ursachen dafür zuständig sind.

Diese Thematik ist sehr interessant und exemplarisch. Wir

müssen uns damit befassen und fragen, ob das wirklich normal und natürlich ist. Wenn du dich selbst kennen lernen willst, dann hat diese Thematik eine Bedeutung. Willst du das nicht, weil es dir genügt nachzureden, was die anderen sagen, dann machst du es dir bequem. Wenn du dich nicht weiter damit befassen willst, dann lebst du so weiter wie bisher, dann willst du nicht tiefer eindringen in die Struktur deines Seins. Die meisten Menschen wollen sich nicht tiefer damit befassen. Es geht ihnen um die oberflächlichen Dinge wie Erfolg, Konsum und materiell sichtbaren Status; sie wollen nicht wissen, wer sie wirklich sind, und was es heißt zu leben. Sie haben, so meinen sie, die Antwort bereits in den materiellen Werten gefunden: Ich habe, ich besitze, ich werde bekommen, ich plane und baue auf.

In der Liebe aber kannst du nichts besitzen und planen. Wir gehen Beziehungen ein, Wirtschafts- und Lebensgemeinschaften, weil wir dann rational planen und etwas in Besitz nehmen können. Das ist alles so verständlich. Aber die Sexualität bleibt auf der Strecke. Du baust ein Haus, du planst zwei Kinder ein, du willst dein Leben mit deiner Frau teilen.

Dabei müssen wir aber viel Erfolg haben, um finanziell abgesichert zu sein, sodass wir uns die Sexualität und ihre Entfaltung nur ‹nebenbei› erlauben können. Ich schildere nur, wie es abläuft; ich sage damit nicht, es ist befriedigend und erfüllend. Du selbst sagst mir immer wieder, wie du die Normalität siehst – alles andere sei Utopie. Wir stehen also zwischen der Normalität des Üblichen und der Utopie, der Möglichkeit, wie es anders sein könnte. Gibt es sexuelle Erfüllung und liebende Bereitschaft mit einem Partner in einer Beziehung und Lebensgemeinschaft? Kann die sexuelle Intensität erhalten werden? Oder ist Abstumpfung die Folge jeder Beziehung? Muss es zwangsläufig zu Desinteresse und dem Nachlassen der sexuellen Anziehung kommen? Führt kein Weg daran vorbei, weil das der Lauf der Dinge ist? Ist alles andere eine ‹Utopie›?

Das sind sehr wichtige Fragen, denn du wirst damit konfrontiert. Fragen, die kein wirkliches Ausweichen erlauben. Du kannst natürlich, um von der Beantwortung dieser Fragen abzulenken, ‹Seitensprünge› übernehmen. Du kannst die Beantwortung auch vor dir herschieben – wenn du willst, bis zu deinem Tod. Gut, dann bleiben sie in deinem Leben für dich ungelöste Fragen. Oder willst du Liebe, Sexualität und Individualität verstehen und leben, bevor du stirbst? Willst du erkennen, wer du bist und was dein Leben ist? Willst du Liebe und Sexualität vereinen? Du solltest wissen, wie weit du gehen willst. Wir gehen gemeinsam und teilen unsere Gedanken. Ich möchte dich noch auf vieles hinweisen, dich bei der Hand nehmen, dir einiges zeigen. Dabei betrachten wir gemeinsam, vermitteln wir unsere Meinung, unser Wissen ohne den Anflug von Autorität.

Lebendiges ist immer neu

Warum geschieht dieser Vorgang der Abstumpfung immer wieder, obwohl er nicht zufrieden stellend ist? Wir gehen mit hohen Erwartungen in jede Partnerschaft, wollen aufgrund unserer Einstellung zur Liebe und zur Partnerschaft diese Frische, diese Zärtlichkeit und Glückseligkeit erhalten – und dennoch gelingt es den meisten Menschen nicht. Was ist die Ursache dafür? Warum machen wir alles Neue zu etwas Altem, das uns nicht mehr fasziniert? So muss die Frage gestellt werden, damit wir in der Beantwortung beginnen, uns selbst zu verstehen.

Die meisten Menschen stellen sich diese Frage nicht. Sie leben einfach drauflos, machen aus neu alt und legen das Alte dann enttäuscht und gelangweilt zur Seite. Wir sind es nicht anders gewohnt und haben nichts anderes gelernt. Hierbei kommt unser oberflächliches Konsumdenken zum Tragen, jenes Denken, das all unsere Lebensbereiche durchzieht, wie die Kleidung, die Wohnungseinrichtung, die Musik, die wir hören, die Bücher, die wir lesen – sofern wir überhaupt Bücher lesen –, und die Bilder, die wir uns an die Wände hängen. Die gesamte Unterhaltungs- und Kulturindustrie ist auf dieses Neue ausgerichtet. Es muss neu sein, ein neuer Sound, ein neuer Stil, eine neue Mode, eine neue Inszenierung, eine neue Philosophie. Das Neue, gerade aufgekommen, ist nach wenigen Monaten schon veraltet. Alles unterliegt der Mode, wird konsumiert und dann als veraltet weggeschoben. Jedes Halbjahr erscheint in den entsprechenden Magazinen eine Liste, was als ‹in› und was als ‹out› gilt. Die Macht dieser Einflüsse ist viel manipulierender, als du glaubst. Das Rad dreht sich immer schneller, und mit ihr die Zeit, in der wir leben, eine Zeit, die vielen als immer knapper bemessen scheint. Dieses Konsumsystem hat seine eigene Strategie, die dich manipuliert. Du wehrst dich gegen das Wort ‹Manipulation›, denn es kränkt deine Selbstachtung, manipuliert zu sein. Aber jene Einflüsse der Moden überrollen und umspülen dich. Du lässt dich mitreißen von den neuen Reizen. All das ist sehr oberflächlich, aber dennoch offenbar äußerst reizvoll.

Du kannst in diesem Strom mitschwimmen, immer obenauf, als Fettauge, dann fühlst du dich immer ‹up to date›. Auf diese Weise kannst du jedem Konflikt aus dem Weg gehen.

So kannst du in dem Karussell der Modernitäten eine Runde drehen und dann auf das nächste Karussell aufspringen. Das alles macht Spaß und erscheint voller Lebensfreude und deshalb sogar positiv.

Ich erhebe nicht den moralischen Zeigefinger, wenn ich behaupte, dass das nicht gesund ist, sondern krank macht. Ich bin kein Spielverderber, der dir Freude und Spaß vergällen will. Lass mich vielmehr zurückkommen auf unsere zuvor gestellte Frage, weshalb wir Unbekanntes, Neues zu etwas Bekanntem, Vertrautem machen und dann die Lust und Freude daran verlieren, weswegen wir immer neue Reize brauchen.

Du kannst dich nach vorne stürzen, von einem Reiz zum anderen. Die Faszination des Neuen wird aber schnell vergehen, da der nächste Reiz schon auftaucht, der dich wieder fasziniert und der dir dann zwangsläufig wieder rasch veraltet erscheint. Ich behaupte daher: Es ist ein Zeichen von Ich-Schwäche, wenn wir nur nach den oberflächlichen Reizen schauen. Ich behaupte ferner: Du benötigst diese Reize gar nicht, da sie dich nur verwirren. Es ist kindisch, sich jedem neuen Reiz zuzuwenden und sich amüsieren zu lassen.

Du brauchst keine Unterhaltungsindustrie, die dir die neue Modewelle zum Konsum anbietet. Das alles ist nicht notwendig, wenn du dich wirklich ernsthaft mit dir selbst befasst. Das bedeutet: Du beginnst, in ein Chaos zu blicken; zuerst ist alles voller Konflikte und Kontraste. Du schaust in deine eigene Unordnung, in ein scheinbar unentwirrbares Chaos, denn du lebst in einer reizüberfluteten Welt, die ihre Spuren in deinem Inneren hinterlassen hat.

Beginne, dich selbst zu betrachten, deine Gefühle, deine Gedanken, deine Wünsche und Vorstellungen. Der innere See muss zur Ruhe kommen. Erst wenn eine große Ruhe in dir ist, eine umfassende Stille, kann der einzelne Tropfen wieder sichtbare Ringe auf dem Wasser auslösen.

Wir glauben, etwas Neues sei uns schon nach kurzer Zeit bekannt. Wir haben es integriert in ein Muster unseres Gedankenbildes; in unserem Denksystem ist es jetzt eingefügt; wir haben es etikettiert, strukturiert, verbalisiert, moralisiert, ästhetisiert und eingeordnet in politische, religiöse und sonstige Systeme; es ist strukturiert, katalogisiert und psychologisiert.

Du hast deine Partnerin in diesen Prozess mit einbezogen. Du hast ihr die Lebendigkeit genommen und sie in einer Schublade archiviert. Aber alles Lebendige ist weiter lebendig. Jede Meinung, die du dir zurechtgelegt hast, ist eine Meinung von gestern, gehört der Vergangenheit an.

Du bist es also selbst, der das Neue alt macht. Dein Denken macht alles zum Bekannten. Für die Sinne dagegen, also die Sensitivität, ist alles im Augenblick frisch.

Erkennst du, was ich damit verständlich zu machen versuche? Du selbst verursachst diese tödlichen Muster durch dein Denken. Indem du aus dem Denken heraustrittst, stehst du inmitten des Lebens. Es geht um eine völlig andere Weise zu leben.

Das Unbekannte machen wir reizlos

Die Sexualität ist ein Ausdrucksfeld deiner Liebe, sie ist jedoch nicht die Liebe selbst. Deshalb kann man durch Ausübung der Sexualität auch nicht die Liebe zurückholen, wenn sie nicht mehr vorhanden ist.

Die Menschen interessieren sich allgemein mehr für das Sexuelle als für die Liebe. Viele halten Sexualität für wichtiger als Liebe. Sie meinen, Sexualität wäre eine Voraussetzung dafür, dass Liebe existieren könnte, meinen, die Liebe würde sich durch sexuelle Lust automatisch einstellen. Das ist ein Irrtum. Ich erwähne das, weil wir darüber gesprochen haben, dass sich mit der Zeit das Interesse für den Partner ‹abschleift› und dass das für den ganz normalen Lauf der Dinge gehalten wird, auch deshalb, weil wir es oft so erleben und weil es von Freunden und Bekannten im Gespräch bestätigt wird.

Es lohnt sich, bei diesem Thema noch etwas zu verweilen und die psychologischen Hintergründe für diesen Vorgang genauer zu betrachten. Wenn wir uns in einen anderen verlieben, dann ist er für uns noch ein Unbekannter, fremder Mensch. Erst nach und nach machen wir uns ein Bild von ihm. Wir erfassen ihn mit all unseren Sinnen und erfahren seine Individualität voller Aufmerksamkeit und Achtung. Aus dieser Sensitivität heraus entsteht die Verliebtheit. Weil der andere für uns neu ist und wir für ihn neu sind, hat die Begegnung diese Intensität. Alle unsere Sinne sind angespannt. Sie werden ‹gereizt›, und wir sind hellwach in unseren Beobachtungen. Auch unser Geist ist besonders klar, und die Gespräche sind spannend, denn wir wollen den anderen auch intellektuell abtasten – wir interessieren uns dafür, wie er denkt, welche Meinungen er hat, was er für richtig und falsch hält. Wir diskutieren mit ihm, vergleichen seine Einstellungen und Lebensmaximen mit den unseren. Wir ermessen uns gegenseitig, suchen nach Stärken und Schwächen, die uns gefallen oder auch nicht gefallen, je nach unserer Persönlichkeitsstruktur. Wir, die wir in unserem Denken durch Erziehung, Religion und gesellschaftliche Stellung geprägt sind, wir sind neugierig darauf, in welchen Anschauungen der andere uns ähnlich ist, in welchen nicht.

Wenn wir als Paar zusammenfinden und eine Lebensgemeinschaft eingehen, dann wird uns der andere im Laufe der Zeit immer vertrauter. Wir wissen, wie er sich bewegt, was er in seiner Körpersprache ausdrückt und wie er über verschiedene Themen denkt. Je mehr wir den anderen kennen, desto schneller wissen wir, wie er sich verbal artikuliert und welche Meinungen er vertritt. Das zeigt sich beispielsweise in folgenden Redewendungen: «Du brauchst gar nichts weiter zu sagen, ich weiß, du denkst, was du jetzt sagen willst.» – «Das Thema brauchen wir gar nicht mehr anzuschneiden, wir sind sowieso anderer Meinung.»

Es erscheint dir vielleicht banal, dass ich das so ausführlich darstelle, denn du kennst es ja selbst, hast es in deinen Partnerschaften erlebt. Diese Illustration halte ich aber für notwendig, um dir bewusst zu machen, dass wir den anderen kennen lernen, ihn dann zu kennen glauben und uns schließlich ein klares Charakter- und Persönlichkeitsbild schaffen. Umgekehrt geschieht es genauso, denn von dir hat sich deine Partnerin auch eine Charakterschablone zurechtgelegt. Sie ‹kennt› ‹jede Regung› von dir, ‹kennt› dich ‹in- und auswendig›.

Wenn du den anderen diagnostiziert hast und ihn so gut ‹kennst›, dann ist es verständlich, dass er langweiliger erscheint als zuvor, als in der Phase des Kennenlernens und der Verliebtheit. Derselbe Vorgang geschieht auch im körperlichen Bereich der Sexualität. Zuerst ist alles neu und spannend. Und nach und nach weißt du, wie der andere reagiert, was er mag und was ihn kalt lässt. Der sexuelle Vorgang ist dann immer mehr der gleiche, und es spielt sich eine sexuelle Verhaltensweise ein, die dir mehr und mehr vertraut wird. Es geschieht nichts Überraschendes mehr, sondern es läuft nach einem Muster ab, das sich eingespielt und bewährt hat.

Vor allem Frauen beklagen sich über das Verhalten ihrer Männer in meiner Praxis, beschweren sich darüber, dass ihre Partner nur an die eigene Befriedigung denken und auf das Ziel lossteuern, einen Orgasmus zu haben. Wenn aber nur das Ziel Orgasmus angestrebt wird, dann bleibt wenig Raum für Zärtlichkeit und erotische Phantasie, denn auch für die Sexualität gilt: Nicht das Ziel ist von Bedeutung, sondern der Weg.

Wenn wir das sexuelle Verhalten des anderen kennen, seine Einstellungen, seinen Charakter, seine intellektuellen Interessen und seine Art zu leben, dann wird er langweiliger, und das intensive Interesse nimmt ab. Dann sehen wir ihn nicht mehr mit frischem Blick, weil er bekannt erscheint. Ich betone ‹erscheint›, denn er erscheint uns bekannt, weil wir glauben, ihn zu kennen, und ihn deshalb nicht mehr hellwach sehen. Unsere Sinne sind ihm gegenüber nicht mehr geschärft, sondern abgestumpft. Die Sensitivität verschwindet, der Reiz verblasst, ja, er wird reizloser – und schließlich lässt er uns gänzlich kalt.

Ich möchte dir bewusst machen, dass wir selbst dafür die Ursache gesetzt haben, wenn wir die Abstumpfung beklagen. Jener beklagenswerte Zustand, den wir resignierend oft mit Ironie und Zynismus zum Ausdruck bringen, ist von uns selbst verursacht. Der andere ist nicht reizloser geworden, sondern unsere Sensitivität und unsere Liebe haben nachgelassen.

Auch wenn deine Partnerin genauso reagiert, also gleichfalls dir gegenüber abgestumpft ist, du für sie reizlos geworden bist, so hat es keinen Sinn, bei ihr die Schuld zu suchen. Es geht jetzt um dich, um deine Selbsterkenntnis. Gewinne deine eigene Selbsterkenntnis, dann verstehst du auch deine Partnerin besser und kannst ihr darüber etwas mitteilen. Das psychologische Grundproblem liegt darin, weil wir zu der beschriebenen schematischen Einordnung neigen. Wir selbst machen alles Neue in uns alt. Demnach reizt es uns irgendwann nicht mehr, und so jagen wir von Reiz zu Reiz, immer nach dem gleichen Prinzip: Unbekanntes wird bekannt, uninteressant und langweilig.

Wir müssen diesen Vorgang verstehen, um ihn unterbrechen zu können. Wir müssen deshalb das Wesen der Liebe, der Sinnlichkeit und der Aufmerksamkeit erfassen, denn dann wird das Bekannte nicht alt. Wir selbst sind abgestumpft, nicht das, was uns umgibt, ist reizlos.

Reife und Unreife

Die meisten Menschen leben in Routine. Damit sage ich dir nichts Neues, denn du hast es selbst einmal so ausgedrückt. Wir müssen einem Beruf nachgehen, um unseren Lebensunterhalt zu verdienen; schon das bringt automatisch viel Routine mit sich. Wir leben in einem Bekanntenkreis und innerhalb einer Familie; auch das bringt viel Routine mit sich. Gut, wir machen Pläne und Ziele, was wir noch erreichen wollen; aber auch das bringt Routine mit sich, wenn deine Gedanken um diese Ziele kreisen. Wir bewegen uns also auf festgelegten und strukturierten Bahnen.

Gibt es einen Ausweg aus dieser Routine? Besteht er vielleicht darin, sich von der Unterhaltungsindustrie amüsieren und mit Reizen überfluten zu lassen? Es ist offensichtlich so, eben weil wir in Routine leben, weil unser eigenes Leben keine Frische hat. Deshalb suchen wir Reize in den Angeboten der Unterhaltungsindustrie.

Ein Mensch, der ein authentisches, selbstverantwortliches Leben lebt, der sich selbst entfaltet und voller Wachheit und Sensitivität durch den Tag geht, der kreativ ist in seinen Handlungen und auch kreativ in seinem Meinungsprozess – solch ein Mensch sieht abends nicht fern, sieht weder den billigen Spielfilm noch die Showsendung, noch ein Quiz, noch eine kulturelle Galaveranstaltung oder etwas anderes. Damit soll nichts gegen die Unterhaltungs- und Kulturindustrie gesagt werden. Du kannst diese Angebote nutzen, wenn du sie nicht zur Flucht gebrauchst.

Es ist auch nichts gegen Urlaubsreisen in ferne Länder einzuwenden, wenn du mit innerer Anteilnahme reist und nicht, um den Alltag zu vergessen oder dich abzulenken. Der Ratschlag, bei Liebeskummer oder beruflichen Problemen eine Reise zu buchen, wiederholt sich immer wieder: «So kommst du auf andere Gedanken.» Dadurch wird der Gedankenkreislauf des ständigen Grübelns unterbrochen. Das Gehirn ist mit neuen Reizen beschäftigt und wird abgelenkt.

Wenn du seelische Probleme hast und du darüber mit deinen Freunden sprichst, dann werden sie dir den Rat geben: «Lenke dich ab, komme auf andere Gedanken.» Sogar Psychologen und Psychotherapeuten geben ihren Patienten diesen Rat. Ich weiß von Psychotherapeuten, die ihre depressiven Patienten ins Kino geschickt haben (als Therapieempfehlung), damit sie sich amüsieren und auf andere Gedanken kommen sollten. Ich halte das für falsch. Wir leben nicht, um abgelenkt zu werden, sondern wir leben in dieser konflikt- und problemvollen Welt, um uns damit auseinander zu setzen.

Wenn du traurig und depressiv bist, dann hat das seine Gründe. Wir müssen uns mit diesen Gründen befassen, ohne darüber ins Grübeln zu verfallen. Wenn du deine Partnerin nicht mehr liebst, dann gibt es Ursachen dafür. Es ist doch reine Zeitvergeudung, dann in Urlaub zu fahren, um das alles zu vergessen, unterstützt durch neue Reize. Wir haben darüber gesprochen, dass auch deine Ängste Gründe haben und durch Amüsement nicht wirklich verschwinden. Du musst dich damit befassen und solltest nicht in Ablenkungen flüchten. Wenn ein Kind weint, versucht man es abzulenken, indem man ihm ein neues Spielzeug vorlegt. Dann sagen die Eltern: «Schau mal, was ich da habe. Es rasselt, macht Geräusche und verändert die Farbe.»

Wir lassen uns als erwachsene Menschen immer noch wie Kinder behandeln, die ein neues Spielzeug zur Unterhaltung bekommen. Ablenkung durch neue Reize – das ist doch einfach zu billig. Erwachsen werden, das heißt nicht nur, älter an Jahren zu werden. Wenn du fünfunddreißig bist, dann giltst du zwar als erwachsen, aber mit den Jahren wächst die Reife nicht automatisch mit. Ich unterscheide das Erwachsenenalter einmal nach Jahren und einmal nach der psychischen Reife. Dabei stelle ich immer aufs Neue fest: Die meisten Erwachsenen sind mit fünfunddreißig nicht psychisch reif. Wenn du also, der du in der Lebensmitte stehst, nur in Urlaub fährst, um dich von deinem Liebeskummer abzulenken, bist du psychisch nicht reif.

Da stehst du nicht allein. Unsere gesamte Gesellschaft ist unreif. Wir halten so große Stücke auf unsere moderne Zivilisation, weil wir vieles besitzen, was es vorher nicht gab. Es existierte kein Telefon, kein Telefax, es gab keinen Kühlschrank, kein Fernsehen, kein Radio und kein Auto. Über diese Annehmlichkeiten dürfen wir uns freuen, aber wir sollten nicht denken, dadurch wäre mehr seelisch-geistige Reife entstanden. Diese Gesellschaft, in der wir leben, diese hochmoderne technische Zivilisation, verführt zur Unreife, da sie selbst durch und durch unreif ist.

Technik hat natürlich ihre Vorteile. Das soll nicht bestritten werden, denn der technische Fortschritt ist konkret sichtbar. Im psychischen Bereich haben wir leider nicht Schritt halten können, denn psychisch sind wir unreifer denn je. Ich halte deshalb den Bergbauern, der im vorigen Jahrhundert lebte (und der bei Liebeskummer keinen Fernseher einschalten konnte, um eine dämliche Quizshow zu betrachten), für seelisch reifer, wenn er in den Wald ging, sich auf eine Lichtung setzte und über sich selbst und seine Partnerin nachdachte. Dieses Nachdenken war nicht nur ein Denken, sondern auch ein Einfühlen, ein Nach-innen-Schauen und, damit verbunden, ein Erkennen des eigenen Selbst. Selbsterkenntnis ist die Reife des Erwachsenwerdens. Die technisch hoch entwickelte Zivilisation hindert uns daran, psychisch-geistig reife Erwachsene zu werden. Wir sind viel zu abgelenkt.

Wir sind von Unreifen umgeben, lassen uns von ihnen raten – und geraten immer tiefer in einen Sog der Ablenkung. Du kannst zwar die Gesellschaft nicht aufhalten, aber du kannst als Individuum Schluss damit machen – für dich selbst.

Das Gedicht ‹September› von Hermann Hesse beginnt mit den vier Zeilen: «Der Garten trauert, / kühl sinkt in die Blumen der Regen. / Der Sommer schaudert / still seinem Ende entgegen.» Man muss ein großer Dichter sein, um in zwei Sätzen etwas anscheinend ganz Banales so ausdrücken zu können.

Jeder kennt den September. Er ist nichts Neues. In unserer alltäglichen Geschäftigkeit interessiert uns das aber nicht mehr bewusst. Wir gehen darüber hinweg, weil wir in unsere Pläne und Ziele eingespannt sind. Außerdem meinen wir den September zu kennen, diesen Monat mit spätsommerlicher und frühherbstlicher Stimmung. Der Monat September ist uns bekannt, also nicht mehr der Rede wert. Weil wir das glauben, haben wir das Thema ‹abgehakt›. Auch aus diesem Grund brauchen wir die Poeten, die uns einen banalen Regentag mit nur einem Satz wieder zur geistigen Frische werden lassen: «Der Garten trauert, / kühl sinkt in die Blumen der Regen.» Ein verregneter Septembertag – na und? «Der Sommer schaudert / still seinem Ende entgegen.» Du kannst es fühlen, oder es berührt dich nicht. Über die Ratio kann es dich nicht anrühren, denn sie konstatiert und etikettiert nur.

Es hat also etwas mit unseren Sinnen zu tun, mit Aufmerksamkeit und Wachheit, um die Schönheit zu erkennen. Mit einfachen, umgangssprachlichen Wörtern macht der Poet uns aufmerksam auf etwas hinter den Wörtern. Du kannst die Zeile «kühl sinkt in die Blumen der Regen» ganz sachlich und rational nehmen: Der Regen ist kühl, und er fällt in die Blumen – das ist doch nichts Besonderes.

Wir wünschen den besonderen Reiz. Er ist hier nicht gegeben. «Der Sommer schaudert still seinem Ende entgegen.» Dieser Satz ist ganz einfach, ist für viele zu simpel, denn er zeigt keine außergewöhnliche Sprachkunst. Und doch wirst du davon angerührt; ich hoffe das wenigstens. Es existiert eine Schönheit jenseits der Wörter. Der Poet, der die Sprache handwerklich als Ausdrucksmittel benutzt, kann mit den Wörtern so viel anstellen, wie er will, kann sozusagen eine Wortakrobatik vor uns ausbreiten. Das kann dennoch sehr oberflächlich bleiben, denn da Wörter – wie Bilder und Töne – eine Form des Ausdrucks sind, ist entscheidend das, was dahinter aufscheint. Gedichte können mit der Ratio zwar analysiert, aber nur mit der Seele wirklich erfasst werden. Deshalb meine ich: Künstler haben uns viel zu sagen, aber nicht allein das Vordergründige des Handwerklichen ist dabei von Bedeutung, sondern das Dahinterliegende, das in unsere Psyche hineinreicht und dort etwas auslöst.

Du fragst dich jetzt sicher, warum ich darauf zu sprechen komme, denn es geht dir ja nicht um die Analyse eines künstlerischen Werkes, sondern es geht dir um die Entfaltung deines Lebens, um die Lösung deiner ganz persönlichen Probleme. Ich soll dir dabei helfen.

Ich habe die Gesellschaft als oberflächlich und unreif charakterisiert, sagte dir, dass wir vor unserem eigenen Ich fliehen in Unterhaltung und Amüsements, dass wir reizorientiert sind: Alles muss ‹neu› sein, damit es uns interessiert, und es soll ‹in› sein, damit wir es beachten. Wir sprachen von Partnerschaft, sprachen davon, dass das Unbekannte, das Neue, voller Faszination aufgesogen wird, ehe wir es zu etwas Bekanntem machen. Wir ordnen es ein in unser Denksystem, machen uns ein Schema und Denkmuster davon, etikettieren es – und so wird es bekannt und alt. Das ist der übliche Vorgang, den ich meine.

Und sobald es ‹alt› ist in unserem Denksystem, erscheint es uns nicht mehr interessant – es ist katalogisiert, abgelegt, archiviert.

Ich möchte dich darauf aufmerksam machen, dass sich dieser Vorgang alltäglich wiederholt und dass er vom Denken ausgeht. Die Künstler, die Poeten, die Maler, die Musiker weisen uns mit ihren Werken darauf hin. Sie stellen die bekannten Dinge, die wir bereits ‹abgehakt› hatten, die kein Thema mehr für uns waren, so dar, dass wir wieder überrascht sind. Ein Galerist sagte zu mir einmal vor fünfundzwanzig Jahren einen Satz, den ich bis heute nicht vergessen habe: «Die Malerei sensibilisiert das Auge.» Man könnte erweitern: «Die Musik sensibilisiert das Ohr.» Und: «Die Literatur sensibilisiert den Geist und das Denken.»

Was bekannt und alt war, wirkt durch die Kunst plötzlich wieder aktuell und frisch. Wir werden aktiviert, bewusst zu sehen, zu hören und wach zu denken. Unsere Wahrnehmung wird geschärft, und das Denken wird aufgerüttelt; wir werden empfänglicher und aufmerksamer. Wir erfahren auf diese Weise über ein Kunstwerk, dass das scheinbar Bekannte keineswegs alt ist; es wird wieder lebendig. Kunst sensibilisiert unsere Sinne und unser Gehirn; wir werden wacher und aufgeregter. Kunst soll uns aufregen, denn sie ist keine Unterhaltung. Die Aufregung bei einem Krimi ist natürlich von anderer Qualität als die Aufregung bei einem Kunstwerk. Der Krimi vermittelt nur Spannung, das Kunstwerk dagegen macht uns wacher und bewusster.

Nach diesem weit gespannten Bogen möchte ich dir sagen, dass du weder den Krimi benötigst, um dich aufwecken oder in Spannung versetzen zu lassen, noch das Kunstwerk, das dich sensibilisiert, also aus der Lethargie des Bekannten in das reizvolle Unbekannte führt, wobei die künstlerische Reizung deiner Sensibilität sicherlich wertvoller ist als die unterhaltende Reizung durch ‹Action› und Sensation. Beide, Kriminalautor und Künstler, wollen deine Aufmerksamkeit provozieren. Der Künstler ist dabei sicherlich auf einem höheren Niveau angesiedelt als der Unterhalter. Kriminalautoren sind – kategorisieren wir mal so einfach – Personen, die dich in die Spannung einer Handlung hineinziehen, während Künstler noch etwas mehr wollen: Sie suchen keine oberflächliche Handlung, sondern sensibilisieren deine Sinne und dein Denken. Künstler geben Sehanstöße und Denkimpulse, sind Anreger deiner Sensitivität und machen das Bekannte durch ihre individuelle Art der Darstellung zu etwas Neuem.

Die Frage ist jetzt, ob du diese Anregungen brauchst. Die meisten Menschen in unserer Gesellschaft brauchen sie offensichtlich. Künstler sind eine Notwendigkeit, um eingespielte Verkrustungen zu lösen und zu reizen. Stelle dir die Frage, ob du ganz persönlich das brauchst. Müssen deine Augen und Ohren durch Malerei und Musik sensibilisiert werden? Wenn du es brauchst, dann ist nichts dagegen einzuwenden. Wenn du in deiner Struktur verkrampft bist, dann brauchst du die Kunst.

Ist aber ein Leben möglich, das voller Frische sich täglich neu entfaltet und das Bekannte als bekannt hinter sich lässt? Durch diese Frage siehst du die Kunst in einem anderen Licht. Wenn du in dir nichts bekannt werden lässt, also sich in dir nichts ablagert und verkrustet, dann ist in jeder Sekunde alles, was dich umgibt und was geschieht, neu. Du beendest den Vorgang, das Erlebte in etwas Bekanntes zu strukturieren. Du bleibst in deinem Bezug zum Lebendigen lebendig – es gibt keine Abgestandenheit mehr. Dein Gehirn ordnet nichts mehr in ein System ein, um es dann zu archivieren. Es veraltet nichts, alles bleibt neu, wirklich alles. Du siehst alles neu, hörst es wie zum ersten Mal, und jeder Gedanke ist neu, nichts ist bekannt. Das möchte ich dir bewusst machen. «Kühl sinkt in die Blumen der Regen», schreibt Hermann Hesse. Wie banal und doch wie erfrischend neu.

Drittes Kapitel
Die zweite Geburt ist der Vorgang der seelischen Menschwerdung

Wir haben uns mit der Partnerschaft befasst, mit dem großen Problem, den anderen einfach einzuordnen, zu charakterisieren, zu typisieren. Ich sagte, das führe zur Abstumpfung der Sinne und des Bewusstseins. Diese Aussage will ich dir nicht als ausgewiesener Psychologe aufdrängen, denn das hätte wenig Sinn. Du sollst auch nicht einfach *glauben*, sie wäre richtig. Ich möchte vielmehr, dass du es selbst überprüfst. Wir stellen uns immer wieder die Frage: Wer bin ich? Damit sage ich dir nichts aufregend Neues, denn du stelltest dir ja selbst und auch mir diese Frage. Kann ich dir sagen, wer du bist? Kann ich dir auf diese Fragen Antworten geben? Oder kannst du das nur selbst herausfinden?

In unserer hoch technisierten, rational und wissenschaftlich orientierten Zeit besitzt beispielsweise die Astrologie eine ungeheure Faszination für die Menschen. Ist das nicht ein Widerspruch? Die Astrologie teilt die Menschen nach ihrem Geburtsmonat in zwölf Typen ein und liefert so eine übersichtliche Typologie. Sie versucht also die Frage, wer wir sind, aufgrund unserer Geburtszeit zu beantworten. Diese Typologie wird dann oft noch sehr verkürzt auf wenige Merkmale: «Der Krebs geht zwei Schritte vor und einen zurück.» Oder: «Die Skorpione zerstören sich selbst.» Oder: «Zwillinge haben zwei Seelen in ihrer Brust.» Ich möchte diese ‹astrologische Menschenkenntnis› nicht weiter darstellen, denn du kennst das alles. Diese Typologisierung weitet sich aus auf Partnerschaft und Liebe. Dann heißt es: «Wassermann und Löwe – das passt überhaupt nicht zusammen.» Oder: «Widder und Wassermann – das ergänzt sich gegenseitig.» Oder: «Wie, du bist Schütze? Dann passt du überhaupt nicht zu mir.» Diese astrologische Psychologie ist weit verbreitet – und das keineswegs nur bei unkritischen Menschen, sondern, wie du beobachten kannst, auch bei Personen, die als intelligent, clever, erfolgreich und verstandesbewusst gelten.

Viele neigen also dazu, sich die Frage «Wer bin ich?» («Wer bist du?») von außen beantworten zu lassen. Das scheint eine große Anziehung auszuüben. Ich forsche dann nicht mehr in mir selbst, erforsche auch nicht die Mentalität des anderen. Die Typologie nach den Sternkreiszeichen soll mir helfen, ist sie doch ein diagnostisches Instrument in der verwirrenden, komplexen und auch teilweise beängstigenden Situation der Selbsterkenntnis und der Menschenkenntnis. Die Wissenschaft Psychologie hat kein vergleichsweise einfaches und faszinierendes Typologiesystem anzubieten. Populär ist eigentlich nur die uralte Einteilung in Sanguiniker, Phlegmatiker und Melancholiker. Einige Managementtrainer, so habe ich mir erzählen lassen, arbeiten auch mit einer Farbtypologie (der Rottyp, der Grüntyp und der Blautyp). Die Frage «Wer bin ich?» kann nicht und sollte auch nicht auf solch simple Typologien reduziert werden. Wir dürfen sie uns auch nicht von außen durch ein System beantworten lassen, auch nicht durch das Gespräch mit einem Psychologen, der uns sagen soll, wer wir sind. Du kannst nur selbst herausfinden, wer du bist.

In deiner Kindheit und Jugend haben Eltern und Lehrer dir gesagt, wie sie dich sehen und bewerten; danach deine Ausbilder und Chefs, danach deine Liebespartnerin oder auch Bekannte und Freunde. Du hast dir ein Selbstbild geschaffen, das eine Mixtur ist aus Fremdurteilen, Selbsterfahrung, Astrologie, Meinung und psychologischen Begriffen. Wirklich zählt aber nur Selbsterfahrung.

Die meisten wollten dich erziehen und manipulieren. Sogar der Begriff ‹Selbsterziehung› ist beeinträchtigt von Fremdbestimmung. Die Eltern haben dir ihren Erziehungswillen aufgeprägt – und verlangten dann auch noch, dass du dich selbst nach diesem Wertesystem erziehst. Auch jede Religion will den Einzelnen zur Selbsterziehung hinführen, allerdings zu einer Selbsterziehung im Sinne ihres Selbstverständnisses. Auch der Mensch, der es nun wirklich gut mit dir meinen sollte, nämlich dein Lebenspartner, versucht dich zu erziehen, also zu manipulieren.

So sind wir alle von den vielfältigen Manipulationen der Fremdbestimmung umgeben. Wir stehen in einem Einflussnetz von unterschiedlichen Erziehungsmustern, das uns natürlich verunsichert. Wir sind ja durchaus willig und wollen an uns arbeiten, wollen etwas aus uns machen, versuchen, liebenswert zu sein und Anerkennung zu finden. Wir wollen allen irgendwo gerecht werden: den Eltern, den Lehrern, den Ausbildern, den Liebespartnern, dem Freund und unserer eigenen Vorstellung von uns selbst. Wir versuchen, zuverlässig zu sein, gewissenhaft und konzentriert. Wir geben uns Mühe, unsere Ausbildung mit guten Noten zu absolvieren, wir wollen gute Sexpartner sein, wollen es auch der Religion recht machen, wollen natürlich nicht aggressive, sondern gut gelaunte und charmante Gesprächspartner sein. Wir wollen etwas leisten, dabei konsumieren, ferner Geschmack haben und Stil und natürlich auch Intelligenz und Bildung. Wir wollen etwas von der Welt sehen, aber auch uns selbst kennen lernen.

Wir wollen Erfolg haben, Karriere machen und uns durch-setzen, aber auch einfühlsam und liebevoll sein. Wir wollen unseren Körper durch Sport und Training fit halten, aber auch genug Zeit finden für Weiterbildung und Geselligkeit. Wir ver-suchen, kontaktaktiver und geselliger zu sein, aber auch bele-sen und sportbegeistert. Wir versuchen, alles zu erfahren, viel zu wissen, überall anwesend zu sein und dabei uns selbst zu finden. Wir wollen angepasst sein, aber auch Individuum. Wir kämpfen um unsere Vorteile, wollen die anderen aus dem Feld schlagen, aber auch Einfühlungsvermögen zeigen. Wir sind tolerant und liberal, wollen aber auch unseren Willen durch-setzen. Wir wollen schwach sein, aber auch stark.

Du siehst, das führt in eine ungeheure Konfusion. Das alles erwarten wir von uns selbst und auch von den anderen. Wir erziehen uns selbst und glauben dann, auch die anderen zur Selbsterziehung motivieren zu können. Was wir uns selbst ab-verlangen und antun, fordern wir auch von den anderen. Das ist die Situation, in der wir uns befinden. Du suchst zu Recht einen Ausweg aus diesem Dilemma. Deshalb werde ich in meinem nächsten Brief jene ‹Selbsterziehung› kritisch betrachten.

Keine Selbsterziehung

Die Selbstfindung ist etwas ganz anderes als die Selbsterzie-hung. Die Stärkung des Ich geschieht nicht über eine Pädago-gik, die von außen vermittelt wird oder die du dir selbst ver-ordnen würdest. Zu sich selbst gelangen ist nicht möglich über eines der üblichen Lehr- oder Trainingsverfahren. Erwarte von mir also keine psychologischen Ratschläge im Sinne einer Schulung.

Du hast gute Schulen besucht und viele Jahre deiner Berufsausbildung gewidmet. Es wurde dir Wissensstoff angeboten, und du hast dieses Wissen im Gedächtnis gespeichert, vor allem mit dem Ziel, Prüfungen zu bestehen. Es wurden dir Kenntnisse und Fertigkeiten vermittelt, und du hast auch Fremdsprachen gelernt. Diesen Wissensstoff hast du mit Konzentration angesammelt, und du hast viel geübt; dazu sind Konzentration, Disziplin und auch Wille erforderlich. Oft genug hast du dich zur Konzentration gezwungen und mit Pflichtbewusstsein gepaukt. Du hast dich zu dieser Lernkonzentration erzogen, hast wohl selbst diese Art des Lernens gelernt, um dein Gedächtnis zu trainieren, denn es gibt auch andere Methoden und Techniken des effektiven Lernens.

Nun aber betreten wir den Bereich deiner Seele, also deiner Individualität. Es geht um dein ganz persönliches Ich, dein Selbst, dein Personsein. In diesem seelischen Bereich kannst du nicht die Art des Lernens, wie du sie gewohnt bist, anwenden. Es kann zwar durchaus ein psychologischer Wissensstoff vermittelt werden – du kannst beispielsweise Begriffe wie Neurose, Psychose, Über-Ich, Abwehrmechanismen, Phobie, Ödipuskomplex, Narzissmus, Anima und Animus erlernen, auch das, was es damit jeweils auf sich hat –, aber das hat weder mit Selbsterfahrung noch mit Selbstfindung zu tun.

Ich möchte dir keine Kenntnisse vermitteln, also kein Wissen in dir bekanntem Sinn. Es wird nichts gelehrt, trainiert, geübt. Du brauchst deshalb keine Konzentration und keinen Willen einzusetzen. Es wird kein Lehrstoff vermittelt, kein Dogma, keine Moral und auch keine Lebenslehre. Wir verlassen alle diese Systeme und Denkmuster. Es muss nichts im

Gedächtnis gespeichert werden, das wieder abgefragt wird. Du brauchst keine Fachterminologie zu erlernen, denn es reichen die normalen sprachlichen Ausdrucksmöglichkeiten, dich auf etwas aufmerksam zu machen.

Natürlich ist Konzentration erforderlich, damit du den Gedanken folgst und nicht gelangweilt an etwas ganz anderes denkst – aber auch das wäre nicht zu verurteilen. Wenn du nicht bereit bist weiterzulesen, dann solltest du dich nicht dazu zwingen – es wäre bedauerlich, wenn du dich zusammenreißen würdest, um weiterzulesen. Wir betreten ein Gebiet, in dem dieser Zwang zur Konzentration aufhören muss. Allerdings ist Ernsthaftigkeit erforderlich. Es wird nicht mit irgendwelchen interessanten Ideen gespielt. Es handelt sich nicht um Unterhaltung, um Ablenkung. Das Interesse sollte aus dir selbst entstehen; dann gibt es keinen Zwang, gibt es keine Selbstmanipulation des Willens. Es geht nicht um Selbsterziehung, denn es gibt kein Erziehungskonzept.

Ich versuche, dir vor allem eines bewusst zu machen: Jede Art von üblicher Erziehung im Bereich der Psyche ist absurd. Es ist deine Seele, und kein anderer hat das Recht, in sie einzudringen. Das sind, ich weiß, weltfremd wirkende Aussagen, denn du bist von Kindheit an gewohnt, dass man versucht, über den Verstand oder über die Emotionen in dich einzudringen und dich ‹auf den rechten Weg› zu führen.

Du warst und bist von vielen unterschiedlichen Lebensphilosophien und Lebenslehren umgeben. Die Kirche versucht, dich zur rechten religiösen Haltung zu bringen; die Eltern wollen dir ihre Lebensanschauungen vermitteln; der Partner (die Partnerin) möchte dir beibringen, wie du dich verhalten sollst, ja sogar, wie du fühlen sollst; die Universität vermittelt dir eine Denkweise; und das Berufsleben fordert von dir eine besondere Persönlichkeitsstruktur, je nach dem Platz, auf dem du auf der Karriereleiter angekommen bist. Und alle erwarten ‹Selbsterziehung› von dir, aber eine Selbsterziehung, die sich gefälligst nach einem bestimmten vorgegebenen Muster auszurichten hat.

Du lebst in einem ständigen Konflikt, einem Konflikt, den diese Systeme verursachen, denn sie widersprechen sich oft. Im Beruf werden Rationalität, Härte und aggressive Durchsetzungskraft von dir erwartet, wohingegen du zu Hause verständnisvoll und tolerant sein sollst, damit du besser auf deine Partnerin eingehen kannst. Du sollst im Beruf deine Vorteile erkennen und ausnutzen, aber dann zu Hause wieder selbstlos sein. Du sollst die anderen austricksen und an die Wand spielen, aber dann wieder voller Zärtlichkeit, Offenheit und Freundlichkeit sein. Du sollst also nicht mit zweierlei Maß, sondern mit vielerlei Maß messen können. Das ist das alltägliche Problem unseres Lebens, und so wird innere Spannung, werden Konflikte erzeugt.

Du solltest also sehr vorsichtig sein, wenn andere von ‹Selbsterziehung› sprechen. Ich halte die Ratschläge zur Selbsterziehung für eine der subtilsten Formen von Gewalt. Jeder Ratschlag greift in dem harmlosen Gewand an: Nicht die anderen zwingen dich, nein, du sollst dich selbst zwingen; nicht die anderen manipulieren dich, nein, du sollst es selbst tun. Sobald du dich in diesem Sinne bemühst, bist du von der Selbstfindung abgekommen.

Wer verhilft dir zur Selbstfindung? Niemand, denn jeder hat etwas mit dir vor. Selbstfindung bedeutet ja, dich dir selbst zu überlassen. Sie wollen dir aber alle raten, was du tun sollst, wie und wie schnell. Sie erwarten etwas von dir, und das sollst du dir zu Eigen machen und anstreben.

Nein, Selbsterziehung wollen wir nicht. Darum geht es in unseren Gesprächen und Briefen auch nicht, und ich hoffe, du erwartest von mir nicht mehr, dir solche Muster aufzuzeigen. Mediziner mögen sich in der Rolle fühlen, dir etwas über gesunde Ernährung oder gesunde Lebensweise zu vermitteln, indem sie ein Diät- oder Sportprogramm entwickeln – die Psychologie kann vergleichbare Programme nicht anbieten. Der Psychologe ist ein Fachmann, der – so hoffe ich, denn so sollte es sein – weit und tief in den Bereich des seelischen Menschseins eingedrungen ist. Er kann denjenigen, der das möchte, bei der Hand nehmen und ihm durch seine Begleitung vieles zeigen.

Es geht dabei nicht um Erziehung. Ich möchte dir zeigen, dass dort, wo wir gemeinsam hingehen, etwas zu finden ist, das du zwar geahnt, aber bisher nicht voll erfasst hast. Dieser Vorgang hat nichts mit Pädagogik zu tun, sondern ist ein Begleiten. Wie schön empfandest du es, als dich ein Bergführer bei der Hand nahm und dir einen Wasserfall während eines Gewitters zeigte. Er kannte den Weg, er führte dich in der Nacht zur Schlucht, und er führte dich wieder zurück. Er hatte dir etwas gezeigt, das du wohl nicht mehr vergessen wirst, etwas, das auch mit dir selbst in deinem Inneren zu tun hat.

Schauen und Lauschen

Ich will nochmal auf meinen letzten Brief zurückkommen, um dir etwas deutlich zu machen. Der Bergführer führt dich in unwegsames und unbekanntes Gelände; du vertraust dich ihm an, weil er den Weg kennt. Aber er wird dich stets daran erinnern, selbst auf den Weg zu achten, auf die Steine und Sträucher. Du sollst ihm nicht blind hinterherlaufen, sondern selbst auf alles achten, vor allem darauf, wo du hintrittst, denn sonst könntest du trotz Bergführer abstürzen. Obwohl du mit ihm gehst, ist es für dich ein Abenteuer, und du wirst feststellen, dass du hellwach und voller Achtsamkeit wirst. Er zeigt dir die nächtliche Schlucht und den Wasserfall im Mondlicht; er weist dich darauf hin, aber sehen musst du selbst. Bei solch einem Anblick ist er vielleicht ergriffen und still, aber er kann dir seine Ergriffenheit nicht vermitteln.

So ähnlich ist unsere Beziehung: Du gehst mit mir gemeinsam auf das unbekannte Gebiet des Seelischen zu. Ich zeige dir, was es dabei zu sehen und zu fühlen gibt, aber sehen und fühlen musst du selbst – die Ergriffenheit kann dir keiner vermitteln. Wir gehen zusammen in den Bereich des Seelischen und betrachten gemeinsam. Natürlich ist dieses Sehen anders als das Sehen der Augen; deshalb spreche ich von Schauen. Wenn wir nach innen gehen, also unsere Gefühle wahrnehmen, dann sage ich dafür: nach innen ‹schauen›. Wenn wir die inneren Wörter hören, Wörter, die nicht über Schallwellen an unser Ohr dringen, aber die dennoch da sind, dann spreche ich von ‹lauschen›. Ergo: In sich hineinschauen und hineinlauschen ist Selbsterfahrung und Selbstentdeckung. Es gibt dafür auch das Fachwort Introspektion; übersetzen wir es mit ‹Innenschau›.

Ich hoffe, es wird deutlich, dass dies nichts mit Egoismus oder Egozentrik zu tun hat. Sich nach innen zu wenden, in die eigene Seele zu schauen, Gefühle zu fühlen und auf die Wörter, die sich dort ausbreiten, zu lauschen, das ist kein Egoismus. Ich weiß, viele werten Innenschau ab. Wenn du mit anderen darüber sprichst, dann wirst du schnell spüren, dass viel Widerstand und Abwertung damit verbunden sind. Innenschau wird oft als ‹Selbstbespiegelung› bezeichnet, wird damit verglichen, sich selbst viel zu wichtig zu nehmen, sich ins Zentrum zu stellen. Es wird von manchen sogar ‹asozial› genannt, sich mit sich selbst zu befassen, und es gilt auch als eigenbrötlerisch, und nicht selten wird der Betreffende für lieblos und liebesunfähig gehalten. Wenn du dir selbst genügst, sodass du mit dir zurechtkommst und dich mit deinem Inneren anfreundest, dann giltst du als ‹selbstverliebter Spinner›, als ‹weltabgewandt›, als ein ‹Außenseiter› oder, noch schlimmer, als ein ‹Narziss›, der sich, in sich selbst verliebt, von allen Seiten bespiegelt. Das ist großer Unsinn.

Man wird dich nicht verstehen, vor allem nicht verstehen wollen: Deshalb solltest du in der Anfangsphase deiner inneren Selbstschau nicht mit anderen darüber reden, denn dann müsstest du dich verteidigen, würdest du deine Erlebnisse zerreden. Am Anfang fehlt dir noch die Überzeugungskraft, das Neue und Unbekannte verteidigen zu können, denn du bist noch zu unsicher auf diesem Terrain deines Selbst. Ist es nicht absurd und geradezu pervers, dass wir das Schauen und Lauschen nach innen gegenüber anderen rechtfertigen sollen? Etwas Selbstverständliches sollen wir rechtfertigen und erklären müssen? Das ist schwer zu verstehen, wenn man erst einmal in das eigene Innere gegangen ist und das Abenteuer der Selbstentdeckung erlebt hat. Wir müssen uns aber auch mit diesen Anfeindungen befassen, damit wir uns damit in Gesprächen auseinander setzen können.

Warum versuchen dir andere zu sagen, was du tun sollst und was nicht? Warum wollen andere dir begreiflich machen, dass du nach außen leben sollst, also agieren und reagieren sollst, aber um Gottes willen nicht nach innen schauen sollst?

Warum gilt Aktion als richtig und Introspektion als falsch? Sogar bloße Reaktion gilt als tüchtiger und stärker als Kontemplation. Sich mit sich selbst zu befassen, nach innen zu schauen, gilt als Schwäche, wohingegen Reaktion und Aktion als Stärke gelten. Warum trennen wir außen und innen so deutlich voneinander? Warum zählt Rationalität als Stärke und Emotionalität als Schwäche? Warum gilt das eine als etwas Äußeres und das andere als etwas Inneres? Wir müssen diesem Konfliktproblem gemeinsam auf den Grund gehen. Bitte, stelle dir diese Fragen. Es handelt sich dabei nicht um etwas Peripheres, etwas Unwichtiges. Wir müssen uns damit auseinander setzen, denn wir werden im Alltag damit ständig konfrontiert.

Du willst Ordnung in dein Leben bringen. Du willst innere Ruhe finden, hast du mir gesagt. Du willst dich in diese Gesellschaft integrieren, aber du möchtest dabei auch dich selbst nicht verlieren, willst nach außen agieren, aber im Einklang mit deinem Innersten, willst dein Innerstes erkennen und dein eigenes Leben finden, möchtest Ich sein und Ich sagen können, ohne als Egozentriker und Außenseiter zu gelten. Du willst wahrhaftig leben, im Einklang mit Seele und Geist. Dabei wirst du irgendwann erkennen: In der Weichheit liegt die Stärke. Mit dieser Paradoxie möchte ich diesen Brief heute beenden.

Die zweite Geburt

Die Psyche ist zwar mit dem Körper eng verbunden – über die somatischen Vernetzungen haben wir gesprochen –, aber sie reift nicht mit der Ausreifung des Körpers automatisch mit. In einem erwachsenen Körper befindet sich nicht zwangsläufig eine erwachsene, ausgereifte Seele. Auch mit der Schulung des Intellekts, also unserer logischen Denkfähigkeit, und der Ausbildung unseres Wissens ist seelische Reifung nicht verbunden. Wenn du alle Nebenflüsse des Amazonas aufsagen kannst oder über die napoleonischen Kriege Bescheid weißt oder aus Goethes «Faust» zitieren oder die Suren des Koran rezitieren oder die Bilder van Goghs beschreiben oder die Grundzüge der Philosophie Heideggers erläutern kannst, dann giltst du zwar als gebildet, aber all das sagt nichts über den Reifegrad deiner Psyche aus. Bildung ist angesammeltes Wissen, und sie kann noch so umfassend sein, noch so bewundernswert universal – man wird dich dafür zwar bewundern, denn Bildung ist in unserem Gesellschaftssystem angesehen, aber deine Psyche bleibt davon unabhängig, reift dadurch nicht schneller oder intensiver.

Ich erlebe es immer wieder in der Praxis, wenn über Eheprobleme geredet wird. Dann wird mir erzählt, dass sich der hoch gebildete, promovierte, im Beruf erfolgreiche Ehepartner bei der Trennung verhält «wie ein unreifes Kind» oder «wie ein unmenschliches Schwein». Deshalb sage ich immer wieder: Intelligenz und Bildung schützen nicht vor Dummheit im weiteren Sinn. Wer nur seine rationalen Fähigkeiten trainiert, aber die Intelligenz des Herzens vernachlässigt hat, der ist unreif – und solch eine Unreife ist eine besondere Form der Dummheit.

Wer seine eigene Psyche noch nicht entdeckt hat, ist zwar körperlich und geistig durchaus präsent, aber er ist noch kein wirklich ausgereifter Mensch. Ich bezeichne deshalb den Vorgang der Selbstwerdung, wenn du deine eigene Psyche entdeckst und ihr nicht mehr ausweichst, als den Vorgang, der zur zweiten Geburt führt. Erst mit dieser zweiten Geburt wirst du zum vollständigen Menschen, erst nach dieser zweiten Geburt bist du *ganz* auf dieser Welt, weil du erst dann zu einem wirklich eigenständigen Menschen geworden bist, der weiß, wer er ist, weil er zu sich selbst gelangt ist.

Nach dieser zweiten Geburt siehst du dich selbst und deine Mitmenschen mit anderen Augen. Deine Umgebung liegt in einem anderen Licht, und du siehst dich selbst mit anderen Augen. Dieser Vorgang der zweiten Geburt ist schmerzlich, und die meisten Menschen haben deshalb Angst davor; sie vermeiden es möglichst ein Leben lang, mit solchen Gedanken in Berührung zu kommen, wollen davon nichts wissen und wischen diese Gedanken sofort als ‹Spinnerei› vom Tisch.

Die zweite Geburt ist erst möglich, wenn wir uns mit der Psyche, dem eigenen Inneren, zu befassen beginnen, und zwar vor allem auch mit dem Unbequemen und Unangenehmen wie Angst, Aggression, Neid und Schuld, wie Liebe und Treue, mit Sexualität und Perversion. Das alles muss schonungslos betrachtet werden. Was hilft dir alles enzyklopädische Wissen der Welt, das sowieso nicht zu erlangen ist, oder was helfen dir alle spezifischen Kenntnisse eines Spezialgebietes, wenn du dir selbst ständig ausweichst? Bildung und Wissen können zu einer Flucht vor dir selbst werden, genauso wie Status, Karriere, Erfolg, Konsum und Besitz. Was nützt dir das alles, wenn du vor deinem Inneren ständig auf der Flucht bist und dich selbst nicht verstehst und damit auch die anderen nicht begreifst? Du lebst dann wie ein tüchtiger Automat, der einige Funktionen perfekt erfüllt, aber du bist kein vollständiger, ganzer Mensch. Ganzheit ist erst Heilheit. Nur ein ganzer Mensch (Körper, Geist und Psyche) ist wirklich gesund. Deshalb ist die Integration der Seele von so großer Bedeutung.

Das alles hat nichts mit Esoterik oder Psychologisierung

oder Spiritualisierung zu tun. Die zweite Geburt ist auch nichts für weltabgewandte Sektierer. Um die zweite Geburt zu verstehen, wird kein esoterisches Wissen gelehrt, und es geht auch nicht um Reinkarnation oder irgendwelche Heilslehren oder besondere Philosophien. Wenn ich von der Heilheit gesprochen habe, meine ich damit die Ganzheit, die Vollendung der Ausreifung, die in uns allen angelegt ist.

Man sollte allerdings unterscheiden zwischen psychisch gestört sein und psychisch unausgereift sein. Der psychisch Gestörte braucht Psychotherapie, der Unausgereifte braucht Anregungen und Impulse für sein Wachstum. Die Mehrzahl der Menschen schlägt sich mit den verschiedensten psychischen Störungen herum – mindestens 70 Prozent aller organischen Erkrankungen haben psychische Ursachen. Davon völlig unabhängig ist eine viel größere Zahl von Menschen psychisch noch nicht geboren, obwohl sie, durchaus beruflich erfolgreich, in der Mitte ihrer Lebensjahre stehen. Ich sage: Erfolg ist etwas sehr Oberflächliches, genauso wie Tüchtigkeit, Leistungsfähigkeit, gesellschaftliche Stellung, akademischer Grad, sportlicher Erfolg. Selbst eine Karriere im Bereich einer religiösen Institution ist etwas sehr Oberflächliches. Auch dort gelten Gesetze der Karriere und nicht die Werte der seelischen Ausreifung. Damit qualifiziere ich körperliche Gesundheit, Fitness und geistige Leistungsfähigkeit keineswegs ab, aber sie sind eben nur ein Teil meines Ich, sind vor allem weniger bedeutungsvoll, als allgemein angenommen wird. Diesen ganzen Schutt des üblichen Denkens gilt es erst einmal wegzuräumen, damit der Blick freier wird für die Psyche. Sich mit ihr zu befassen ist niemals oberflächlich, sondern ein Zeichen von Ernsthaftigkeit.

Die erste Geburt geschah, als du aus dem Mutterleib gekommen bist. Dein kleiner Körper wurde in diese Welt geholt und musste in den dreißig Jahren danach viel lernen: laufen, sprechen, mit anderen in sozialer Gemeinschaft zurechtkommen. Der Körper entwickelt sich über Kindheit, Pubertät und Jugend zu der ausgewachsenen Person eines erwachsenen Menschen. Diese körperliche Entwicklung geschieht mit dem Ablauf der Jahre ziemlich automatisch; du kannst daran nicht viel ändern. Es geschieht Stufe um Stufe in einer programmierten Entwicklung, bis du schließlich im Alter zwischen zweiundzwanzig und zweiunddreißig Jahren körperlich voll entwickelt bist. Der körperliche Prozess bleibt nicht stehen. Eines Tages stellst du dann fest, dass du zu altern beginnst; auch daran kannst du nicht viel ändern. Der Körper vollzieht diesen Kreislauf von der Geburt über die Ausreifung und Alterung bis zum Tod.

Seele und Geist, so scheint es, fügen sich in diesen Kreislauf ein. Der Geist braucht die Jahre bis zur Ausreifung des Körpers, um zu lernen, also um Wissen anzusammeln und um die intellektuellen Fähigkeiten voll zu entfalten. Aber ein entwickelter Geist unterliegt dem Alterungsprozess weniger (sofern keine krankhaften Veränderungen in den Nervenzellen des Gehirns stattfinden). Wenn die Muskulatur eines Siebzigjährigen schon deutlich sichtbar erschlafft ist, kann der Geist noch sehr vital, scharfsinnig und kreativ tätig sein. Die Rationalität altert also, wenn überhaupt, sehr viel später. Deshalb wirken geistig rege Menschen, die ihren Verstand täglich einsetzen, die mit Interesse immer noch lernen, dadurch insgesamt jugendlicher.

Was geschieht mit der dritten Dimension unseres Menschseins, der Seele? Die Seele unterliegt weniger den Leistungs-anforderungen, wie das bei Körper und Geist geschieht. Das Denken wird in der Schule ausgiebig trainiert, die Seele dage-gen links liegen gelassen. Die schulische Pädagogik kümmert sich nicht um sie, sofern ein Kind gut funktioniert und nicht auffällig wird (also stört). Auch der Religionsunterricht küm-mert sich wenig um die Psyche, denn er wendet sich an den Geist und vermittelt eine Glaubenslehre; es wird christliche Geschichte gelehrt: die Ereignisse des Alten und des Neuen Tes-taments – und es werden Dogmen verbreitet. Auch hier wird wieder Wissen gepaukt: Es werden ferner die religiösen Lebens-regeln vermittelt, und du lernst, wie du mit der Institution der Kirche umgehen kannst, was du von ihr erwarten darfst und was nicht. Geistliche (Priester und Pfarrer) nennen sich zwar auch ‹Seelsorger›, aber von den seelischen Vorgängen haben sie wenig Ahnung, weil die Theologie eine Glaubenslehre ist, mit Dogmen und Regeln, die wenig Offenheit für die tatsäch-lichen seelischen Gegebenheiten und Konflikte des Menschen zulassen.

Die Seele bleibt also glücklicherweise während der schu-lischen Ausbildung und der religiösen Pädagogik ziemlich frei. Psychologie ist kein Standardunterrichtsfach, weshalb sie auch im Unterricht nicht als Seelenbildung oder gar See-lenerziehung missbraucht wird. Ich würde es zwar einerseits begrüßen, wenn Psychologie an den Hauptschulen und Gym-nasien gelehrt würde, aber es graust mir andererseits vor dem Gedanken, dass dann nur Standardwissen gepaukt würde. Das wäre sehr schädlich für die Psychologie und die Psyche des Einzelnen.

Dennoch werden wir ständig über Psychisches informiert. Unsere Eltern haben, wie jeder Erwachsene, eine persönliche

Psychologie, die vermittelt wird. Wenn eine Mutter ihre Tochter ‹erzieht›, dann übermittelt sie ihr auch ein Frauen- und Männerbild: Sie gibt ihre persönliche Lebenserfahrung weiter und prägt auf diese Weise Einstellungen zum Frausein, zur Berufstätigkeit, zur Sexualität, zur Partnerschaft, zur Ehe. Wir sind also, obwohl Psychologie kein Unterrichtsfach ist, ständig von unterschiedlichen ‹Privatpsychologien› umgeben. Unsere Freundinnen und Freunde vermitteln uns ihre Einstellungen, die Medien die ihre – und das in starkem Maße. Auch Spielfilme vermitteln psychologische Botschaften – und zwar die des Regisseurs. Dann natürlich auch Popmusik, auch die Kleidermode, die Malerei, die Werbeindustrie – all das und jedes vermittelt eine eigene Psychologie.

Psychologie wird eben nicht nur an einer Hochschule gelehrt, bleibt eben nicht streng umzäunt innerhalb der Universitätsgelände (wobei es schön wäre, wenn es so wäre).

Die Meinungen und Einstellungen über die Psyche tangieren dich also überall. Jeder fühlt sich als Psychologe und vermittelt dir seine eigene Psychologie. Überall wird psychologisiert, in jeder Zeitschrift, in jeder politischen Debatte, auf jeder Party, in jedem Schaufenster, in jeder Talkshow, in jedem Gespräch zwischen Bekannten und Liebenden – wir psychologisieren ohne Unterlass. Diese Psychologie ist, wenn du den Kern untersuchst, immer Manipulation. Du bist von Manipulationen völlig umzingelt und kannst dich oberflächlich nur dagegen wehren, indem du selbst manipulierst. Du bekommst eine manipulative Meinung vorgesetzt und kannst entweder schluckend stumm sein oder eine Gegenmanipulation starten.

In diesem ständigen Widerstreit der psychologischen Meinungen stehst du selbst mit deiner verbalen Ausdrucksmöglichkeit, deinem Denken und Fühlen. Was wirst du unternehmen? Es geht meist nur um Zustimmung oder Ablehnung. Diese populären Psychologien bekämpfen sich gegenseitig auf verbaler Ebene. Im Kern deiner Psyche solltest du davon unberührt bleiben. Es ist alles nur ein intellektuelles, verbales Spiel. Wir müssen uns unserer Psyche, also du deiner Psyche, anders nähern. Wir müssen das, was die anderen meinen, beiseite schieben und uns davon frei machen, denn deine Psyche ist dein Ureigenstes, gehört nur dir allein, und niemand sollte das Recht und die Möglichkeit haben, darauf über den Intellekt Einfluss zu nehmen. In Wirklichkeit sind diese Einflüsse immens. Damit müssen wir uns befassen, sofern wir es ernst meinen mit unserer Selbstwerdung.

Streben und Dasein

Um nicht missverstanden zu werden, möchte ich nochmals betonen: All diese äußerlichen Dinge – wie Berufserfolg, geistiges Training, Kenntnisse, Weiterbildung, körperliches Fitnesstraining, politisches Engagement und Streben nach Besitz – verurteile ich nicht pauschal. Geistiges Training durch Lernen hat seine eigene Bedeutung, um beruflich weiterzukommen, und Kenntnisse, die im Gedächtnis gespeichert sind, haben ebenfalls ihre Bedeutung, um dadurch anderen nützlich sein zu können – so brauchen wir beispielsweise die Kenntnisse des Statikers, wenn eine einsturzsichere Tribüne gebaut werden soll.

Es ist auch verständlich, wenn sich finanzieller Erfolg in

verstärktem Konsum ausdrückt. Etwas besitzen zu können gibt uns ein besonderes Gefühl der Freude, des Wohlbefindens, der Sicherheit und steigert das eigene Wertgefühl. Das ist psychologisch sehr verständlich, und es wäre weltfremd, das nicht sehen oder verstehen zu wollen. Es soll hier nicht ein Verzicht auf Bildung oder Besitz gepredigt werden, denn es geht nicht darum, dass nur der glücklich sein kann, der besitzlos ist. Armut und Besitzlosigkeit sind alles andere als eine gesunde Basis für das innere Glück; sie führen vielmehr nicht selten zu großen seelischen Belastungen – etwa dann, wenn jemand durch Arbeitslosigkeit oder Krankheit an den Rand der Gesellschaft gespült worden ist.

Es sollen allerdings die Augen dafür geöffnet werden, wie sehr wir in diesem Streben nach Haben – ob Wissen, Geld oder Besitz – gefangen sind, wenn dieses Streben unser ganzes Denken einnimmt und uns einseitig fixiert. Das Streben nach dem Habenwollen hat einen zu großen Stellenwert eingenommen. Tagtäglich fragen wir uns: «Was bringt mir das?» Oder: «Was kommt unter dem Strich für mich heraus?» Dieses Streben bezieht sich auch auf psychische Faktoren, wie Lebensfreude, Spaß, Amüsement und Genuss. Wir sind gefangen in diesem Streben nach Glück. Das ist egozentrisch und egoistisch, denn es ist ein Kampf, der Gewalt impliziert. Wir leben in einer geradezu fanatisch besitzstrebenden mitmenschlichen Umwelt. Die meisten Menschen sind in diesem Sinne egoistisch, nicht in dem anderen Sinn der Selbstwerdung; sie streben kämpferisch, rücksichtslos und lieblos um ihre Vorteile, wobei die Psychologie als Hilfsmittel gesehen wird, ja als Waffe, um den eigenen Vorteil mit psychologischen Mitteln durchsetzen zu können.

Wenn wir bisher von Psyche sprachen, dann meinte ich immer deine eigene Psyche, meinte ich Selbsterkenntnis. Wenn du danach fragst, was du von der zweiten Geburt hast, was sie dir bringt, dann denkst du habenorientiert; mit diesem oberflächlichen Denken des Strebens und des Habenwollens wirst du nur ungeduldig erfahren wollen, welche Vorteile die zweite Geburt hat; dann willst du neben allem anderen, was du gelernt und erworben hast, auch die seelische Reifung erhaschen. Ich soll dir in möglichst kurz gefassten Tipps die Tricks verraten, wie wir dazu möglichst schnell gelangen. Du bist es gewohnt, so zu denken, also kann ich dieses Denken nicht einfach verurteilen.

Zunächst einmal zurück zu der Frage, was die seelische Reifung dir für Vorteile bringt (ich gehe also bewusst auf dieses habenorientierte Denken ein). Die Einbeziehung deiner Psyche in dein gesamtes Leben verschafft dir Klarheit darüber, wer du wirklich bist, und macht dein Leben rund, schließt den Kreis. Neben Körper und Geist wird durch die dritte Dimension, wird durch die Psyche deine Ganzheit als Mensch vollendet. Du bist dann nicht nur körperlich-materiell präsent, auch nicht nur durch deine Intelligenz effektiv, sondern du wirst auch psychisch präsent sein. Dann bekommt alles eine neue Bedeutung, denn du funktionierst nicht nur, sondern beginnst vitaler zu leben. Du fühlst dich intensiver, energievoller, souveräner und mit dieser Welt stärker verbunden. Du wirst sensitiver, wacher, aufmerksamer, meditativer und liebevoller leben. Das Haben verliert an Bedeutung, das Sein gewinnt an Wichtigkeit. Du bekommst ein intensiveres Gespür für das Dasein, fühlst dich lebendiger, leichter und freier, dadurch auch lebensfroher und gesünder. Dein Verständnis für dich selbst und damit auch für andere nimmt zu, du wirst mitfühlender, gewaltfreier, umfassender, freundlicher und erlebst ein neues Daseinsgefühl. Das materielle Streben lässt in seiner Verbissenheit nach, und du kannst gelassener dich selbst so annehmen, wie du bist – und auch andere so annehmen, wie sie sind.

Nun habe ich dir gesagt, was es dir bringt. Das ist sicherlich verlockend und erstrebenswert; jetzt willst du es bekommen, und ich soll dir sagen, wie du es erreichen kannst. Nun muss ich dich enttäuschen, weil ich dir sage: Das kann ich dir nicht geben. Die seelische Ausreifung ist keine Handelsware, welche in gebündelter Form weitergegeben werden kann. Sie ist auch nicht durch Ratschläge vermittelbar, vergleichbar denen bei einem Diätprogramm. Daher werde ich versuchen, mich diesem Thema weiter anzunähern. Nicht ich mache die Hauptarbeit (durch meine Gedanken), sondern du machst sie. Es ist entscheidend, was in dir vorgeht, was du dabei empfindest und welche Punkte der Seele zur Schwingung gebracht werden. Psychische Selbstentdeckung kannst nur du selbst realisieren.

Diese Bemühungen kann ich dir also nicht abnehmen. Ich versuche in meinem nächsten Brief ein Gleichnis zu schildern, das dir bewusst machen kann, was es heißt, eigenständig und authentischer zu werden. Das wird keine Anleitung sein, sondern ein Beispiel, mit dem du deine eigene Situation vergleichen kannst.

Der Maler

Die Lebensgeschichte des Malers Hans ist keiner Biographie eines berühmten Künstlers entnommen, sondern nur ein Gleichnis. Du selbst bist kein Künstler, willst dich auch nicht künstlerisch betätigen – dennoch wähle ich die Darstellung einer dir fremden Lebensform, weil sie dazu geeignet ist, etwas für sich selbst besser zu verstehen, da Fremdartiges die Aufmerksamkeit schärft.

Der Maler Hans hat immer voller Freude gemalt. Schon als Kind zeigte er stolz seine Bilder der Mutter, aber die sagte immer nur entweder ‹schön› oder bemängelte, dies oder jenes fehle noch auf dem Bild. Die Mutter meinte das nicht böse, aber es fiel ihr eben nichts anderes ein, als einen Vorschlag zu machen, was ihrer Meinung nach auf dem Bild noch enthalten sein könnte. Sie verstand ihre Ideen als konstruktive pädagogische Impulse. Der kleine Hans machte sich seine Gedanken darüber und malte hier und da noch etwas dazu, um es der Mutter recht zu machen.

Da Hans so viel Freude am Malen hatte, gab er in der Schule, wenn nach dem Berufswunsch gefragt wurde, immer an, Kunstmaler werden zu wollen. Er spürte, dass das offenbar nicht ernst genommen wurde, denn die Lehrer lächelten dabei stets ein wenig eigenartig – und dieses Lächeln sagte ihm, dass er wohl nach ihrer Meinung Flausen im Kopf hatte, die früher oder später vergehen werden.

Nachdem Hans das Abitur gemacht hatte, stellte sich nun die Frage, was er studieren sollte. Es wurde in Erwägung gezogen, Betriebswirtschaft oder Architektur zu studieren – Betriebswirtschaft, «weil man das immer gebrauchen» könnte, Architektur, weil Hans dann «sein zeichnerisches Talent verwerten» könnte (und Häuser immer gebaut werden müssen). Die Eltern wünschten sich also für ihren Sohn einen krisensicheren Beruf und berieten ihn dementsprechend. Hans machte trotzdem, gegen den Willen der Eltern, die Aufnahmeprüfung an einer Kunstakademie – und er wurde angenommen. Die Eltern waren darüber gar nicht glücklich, ließen Hans aber gewähren – schließlich könnte er ja danach Kunstlehrer auf einem Gymnasium werden (auch die muss es geben), und schließlich könnte er ja dann die vielen Ferientage nutzen, um sich der Malerei zu widmen. Hans durfte also auf die Kunstakademie, obwohl er dabei ein schlechtes Gewissen hatte, denn Zeichenlehrer an einem Gymnasium wollte er nicht werden, sondern freischaffender Künstler.

Also studierte Hans fünf Jahre und wurde Meisterschüler eines Professors, der als Künstler anerkannt war, da seine Bilder die Eingangshallen vieler Industriefirmen schmückten und auch in einigen Museen vertreten waren. Der Professor war freundlich zu Hans und unterstützte ihn. Vor allem dann, wenn Hans in einem ähnlichen Stil wie er malte, bekam er Lob und Anerkennung; sobald er aber mit anderen Gestaltungselementen experimentierte, die seinem Professor wesensfremd waren, kam Kritik, wurde seine Arbeit auch manchmal stillschweigend übergangen.

Hans beschäftigte sich intensiv mit der Kunstgeschichte, den verschiedenen Stilen, vor allem mit der Klassischen Moderne, dem Expressionismus, dem Tachismus, aber auch mit der Pop-Art, dem Neosurrealismus, dem Neoexpressionismus – und wie die Stile alle heißen. Er probierte alles selbst aus, malte einmal wie Picasso, dann wie Dalí, dann wieder wie Kirchner und Heckel, aber auch wie Lüpertz, Immendorff oder Baselitz. Er konnte sich in jede stilistische Ausdrucksweise hineindenken und darin mit eigenen Ideen arbeiten. Hans besuchte auch alle Vernissagen in der Stadt, die großen Ausstellungen und Museen, reiste zur ‹Biennale› nach Venedig, zur ‹Art Cologne› und natürlich auch zu Ausstellungen in Paris und New York – und jedes Mal war er begeistert. Er liebte die Bilder und Siebdrucke Andy Warhols, aber auch die Gemälde von Max Ernst, beschäftigte sich mit Skulpturen und setzte sich mit den Raum-installationen von Joseph Beuys auseinander, obwohl das sein Professor gar nicht mochte, denn er war der Meinung, Beuys würde in der Kunstszene völlig überschätzt. Dennoch wurde die Wissbegierde des Studenten toleriert, denn ein angehender Künstler soll sich schließlich informieren. So sammelte Hans Jahr um Jahr mehr Wissen, und er wurde zum bestinformierten Schüler in der Meisterklasse des Professors. Schließlich bekam er von den Mitstudenten den Spitznamen ‹Theoretiker›, weil er immer häufiger über Kunst diskutierte und immer weniger selbst malte.

Nach fünf Jahren verließ Hans die Akademie und machte sich als freischaffender Künstler selbständig. Zunächst malte er Bilder für eine Ausstellung, denn ein Künstler muss Aus-stellungen machen, um bekannt zu werden. Da er auf vielen Vernissagen zu Gast war, kannte er viele Galeristen. Also ver-einbarte er Termine und zeigte seine Mappe mit den Bildern, den Zeichnungen und den Fotos der größeren Arbeiten. Die Galeristen lobten den Maler Hans: Das sei alles sehr gut, sehr sensibel und gekonnt, aber es sei hier dieser Stil, und dort jener Stil zu erkennen, die Galerie vertrete aber nur jenen Stil, und Hans müsse sich entscheiden, welcher Stil nun sein Stil sei, und ob dieser Stil zum Stil der Galerie passen würde, müsste dann geprüft werden. So ging Hans von Galerie zu Galerie, und es kam nichts Konkretes dabei heraus. Er setzte sich in sein Atelier und überdachte die Situation. Es war offensichtlich er-forderlich, sich für einen Stil zu entscheiden, um eine Ausstel-lung machen zu können, die in die Konzeption der jeweiligen Galerie hineinpasste. Hans entschied sich gegen die abstrakte Malerei, auch gegen die Pop-Art, auch gegen Rauminstallation à la Beuys und wählte den Neosurrealismus, weil er ein großer zeichnerischer Könner war und seine Perfektion und Artistik in der Beherrschung der Gegenständlichkeit bewundert wurden. Hinzu kam die Meinung von Freunden und Bekannten, die ihm sagten, er könne nicht von seinen vielen Ideen leben, sondern alleine nur vom Verkauf. Sein künstlerisches Schaffen müsse verkaufbar sein, und je besser er verkaufen könne, fügten sie noch hinzu, desto besser könne er das machen, was er wolle.

Hans richtete sich danach und malte viele stilistisch einheitliche Bilder – und er fand eine Galerie, die diesen Stil mit anderen Künstlern vertrat. Er machte viele Jahre Ausstellungen und verkaufte auch, zumindest so gut, um davon leben zu können.

Insoweit scheint sich die Geschichte über den Maler Hans einem Happyend zuzubewegen, wenn Hans dabei zufrieden gewesen wäre. Er war aber trotz allem voller Zweifel, Ängste und innerer Unsicherheit. Obwohl er erfolgreich wurde, sogar auf Bestellung malte, wollte er noch etwas ganz anderes malen. Er fühlte sich in einem großen inneren Konflikt: Obwohl er Erfolg hatte, war er unzufrieden. Da wurde er von kunstinteressierten Personen der Geldoberschicht in ihre Häuser eingeladen, um Aufträge zu besprechen (hier ein Bild in einer Empfangshalle, dort ein Bild über der Sitzgruppe und hier ein Bild zehn auf zwei Meter in einem Privatschwimmbad, also Aufträge, die viel Geld einbrachten), da hatte er seinen Eltern dokumentiert, dass es sehr wohl möglich ist, als Kunstmaler in dieser Gesellschaft sein Geld zu verdienen; da sollte die innige Liebe zu seiner Freundin in einer baldigen Heirat ihren Ausdruck finden, da hatte er mit dreiunddreißig Jahren alles erreicht, was ein freischaffender Künstler in diesem Alter erreichen kann – und da war er trotz allem unzufrieden. Wenn er über seine Unzufriedenheit sprach, sagten ihm die Freunde und Bekannten: «Was willst du denn? Du bist selbständig, du verkaufst deine Kunst, und du bist in einer Branche tätig, deren Image nicht besser sein kann.»

Hans wurde mit der Zeit sehr nachdenklich – und malte dennoch fleißig die Bilder für seine Kunden und die Galerien, die ihn in ihr Programm nahmen. Nebenbei experimentierte er weiter mit der Malerei: Er malte mal so und mal so, also mal wie der späte Picasso, mal wie Max Ernst und mal wie die Graffitisprüher in New York. Wenn seine Galeristen sein Atelier aufsuchten, versteckte er diese Bilder. Der Maler Hans fühlte sich unwohl dabei – und er hatte nachts Albträume.

Eines Tages ging er – es war ein Frühlingsnachmittag – im Wald spazieren, dachte an dieses, sah jenes – und dabei wurde ihm bewusst: Du bist abhängig! Dieses Bewusstsein kränkte ihn. Zurück in seinem Atelier, malte er ein Bild, das nur er malen wollte. Von diesem Zeitpunkt an ging er nicht mehr auf Vernissagen, sondern malte nur noch so, wie er es wollte, dachte dabei weder an eine Galerie noch an einen Auftraggeber, malte und malte und fühlte sich dabei frei und glücklich. Er malte Bilder, die keiner stilistischen Konzeption einzuordnen waren. Sein Galerist war entsetzt, als er davon erfuhr. Auf Vorhaltungen und Einwände entgegnete der Maler Hans, er könne nur noch so malen, weil das sein Innerstes zum Ausdruck bringe, aber das überzeugte weder den Galeristen noch seine bisherigen Kunden.

Mit dem Maler Hans ging es wirtschaftlich bergab, und auch die Beziehung zu seiner Freundin bekam Risse; schließlich trennte sie sich von ihm. Hans aber malte weiter, wollte nur noch sich ausdrücken; die stilistische Benennung war ihm egal. Er hatte sich selbst gefunden, malte, wie er es wollte, wurde authentisch und eigenständig.

An dieser Stelle endet die Geschichte. Ist es dabei etwa von Bedeutung, ob es der Maler Hans eines Tages doch noch geschafft hat, als Künstler zu reüssieren?

Individualität

Wir sollten uns mit dem Begriff ‹Individualität› auseinander setzen. Was bedeutet es, individuell zu sein? Welche Art von Individualität ist positiv und sinnvoll, welche nicht? Das Wort Individualität wird oft falsch verstanden, auch missbraucht, wie alle Wörter mit psychologischem Inhalt, wie beispielsweise auch Liebe, Mitgefühl, Verständnis, Selbstentfaltung, Freiheit.

Ob es uns bewusst wird oder auch nicht – wir stehen in einem Reifeprozess der Selbstwerdung. Auch wenn wir davon nichts wissen wollen, wenn das kein Thema ist, worüber wir sprechen, so ist der latente Vorgang doch vorhanden, auch wenn wir uns selbst blockieren. Erwachsen zu werden, also seelisch-geistig auszureifen, ist ein Vorgang der Individuation – oder mit anderen Worten: Es geht darum, authentisch, also eigenständig zu werden. In diesem Sinne verstehe ich Individualität: zu wissen, wer man ist, die eigenen Gefühle erkennen, sich als Individuum begreifen.

Ich verstehe unter Individualität aber nicht Isolierung. Natürlich ist das Erkennen der Eigenständigkeit auch ein Vorgang der Abgrenzung von anderen. Zu den eigenen Gefühlen stehen bedeutet, sich selbst zu erfahren, ohne unsicher danach zu fragen, ob die anderen auch so fühlen und denken. Zum persönlichen Selbstsein zu stehen ist sehr wichtig, um eine eigene Meinung entwickeln zu können. Wer sich auf sich selbst bezieht, kann aus sich selbst heraus offen und ehrlich (zu sich selbst ehrlich) kommunizieren. Aus dieser Selbstgefundenheit heraus kann ich mich authentisch äußern, ohne mich daran zu orientieren, wie andere denken oder was andere gerade hören wollen. Dieses Authentischsein sehe ich als positive Individualität, in der wir uns von Einflüssen anderer abgrenzen. Negativ wird dieser Vorgang, wenn wir uns von anderen zu isolieren beginnen.

Individualität wird oft so verstanden, dass sich der Betreffende von anderen absondert – Abgrenzung ist in Ordnung, Absonderung aber nicht. Diesen feinen, aber psychologisch bedeutungsvollen Unterschied versuche ich dir bewusst zu machen. Absonderung impliziert etwas Kämpferisches: Ich habe Abitur und stehe somit über der Mehrzahl der Mitmenschen, da sie höchstens mittlere Reife haben; ich bin katholisch und sondere mich ab von den Protestanten (Buddhisten, Moslems); ich bin Weißer und unterschiede mich damit von allen dunkelhäutigen Rassen; ich bin Franzose und somit nicht mit Spaniern und Holländern zu vergleichen; ich stehe politisch rechts und sehe mich getrennt von allen, die politisch links stehen; ich gehöre zur kaufmännischen Elite und befinde mich auf einer anderen Stufe als wirtschaftlich Schwache; ich bin Künstler und trenne mich von allen nicht künstlerisch interessierten Menschen.

Individualität heißt also nicht, irgendeiner Gruppe, Gesellschafts- oder Bildungsschicht, einer Elite oder Gemeinschaft anzugehören, denn das sind alles nur oberflächliche Zugehörigkeiten. Im Alltag aber teilen wir die Menschen nach solchen Zugehörigkeiten ein. Es ist uns als etwas ganz Selbstverständliches sozusagen in Fleisch und Blut übergegangen, uns selbst und die anderen nach oberflächlichen Merkmalen zuzuordnen. Sich von anderen in dieser Art zu isolieren, das ist keine Individualität, denn das ist Abtrennung und Ausgrenzung. Diese Praxis – sie ist üblich und alltäglich – ist nicht die Individualität, die ich meine, denn diese Absonderungsmentalität führt in die Isolation, welche Kommunikation erschwert oder verhindert.

Individualität ist Eigenständigkeit der Selbstwerdung, aber keine Abtrennung durch Abwertung anderer. Individualität sollte, richtig verstanden, keine vertikalen Abstände schaffen, sondern, wenn überhaupt, nur auf horizontaler Ebene, also auf der Ebene der Gleichwertigkeit des Menschseins, den Kontakt erleichtern, ihn also nicht erschweren.

Der Reifeprozess der Individuation impliziert wesensmäßig nicht die Trennung, sondern die Verbindung. Deshalb ist Selbstwerdung eben nicht Egozentrik, sondern Soziofreundlichkeit (da es, eigentlich auch sehr bezeichnend, kein entsprechendes Wort dafür gibt, nenne ich das einfach so).

Individualität ist die Voraussetzung dafür, sozial integrativ sein zu können. Sich selbst zu erkennen und wertzuschätzen ist notwendig, um den anderen in seiner Individualität erfassen und wertschätzen zu können. Das heißt ganz einfach: Du kannst erst dann liebend annehmen, wenn du dich selbst liebend annehmen kannst. So verstanden, ist Individualität nicht Abtrennung, sondern Annäherung. Erst wenn du dir selbst als Mensch innerlich ganz nahe bist, kannst du anderen nahe sein und dich einfühlen. Individualität ist also nichts Egoistisches, sondern etwas Altruistisches. Sich selbst zu lieben ist nicht narzisstisch, sondern die Voraussetzung für die Offenheit der Liebe. Individuation öffnet für die Individualität des anderen. Gerade das Andersartige des anderen gewinnt dadurch an Bedeutung – der andere darf anders sein, die Trennung wird aufgehoben. Nur durch Individualität wird das Trennende neutralisiert, denn wenn ich nicht selbstorientiert (authentisch) bin, sondern fremdbestimmt, kämpfe ich gegen alles, was anders ist. Fremdbestimmtheit trennt mich, weil sie über die Ratio läuft – und Ratio kennt nur die Unterscheidung nach ja oder nein, plus oder minus. Die Emotionalität dagegen ist integrierend. Individuation – und das scheint dem Verstand paradox – verbindet, obwohl sie abgrenzt. Fremdbestimmung dagegen trennt, obwohl sie sich nach außen hin so gibt, als vereine sie. Das ist nicht leicht zu erfassen. Wir dürfen eben nicht nur rational analysieren, sondern müssen die Seele mit einbeziehen. Es geht um ‹Erkenntnis›, nicht um bloßes Verständnis; es geht um Psychologik, nicht um Logik.

Viertes Kapitel
Mut zur Emotionalität und Subjektivität

Unser Schulsystem ist ein Leistungssystem. Es wird das Streben nach besseren Noten gefördert, es wird von Begabungsstruktur gesprochen und von Intelligenzkapazität. So wird schon in der Grundschule und verstärkt auf dem Gymnasium der Vergleich mit den Mitschülern nach der Leistungsfähigkeit angeregt – ein Wertmaßstab, der als normal gilt. Dieser Vergleich und die Bewertung werden nicht mehr hinterfragt, sondern als natürlich empfunden. Von frühester Kindheit an geht es darum, wer besser ist – ich oder du.

Dieses vergleichende Werten setzt sich in der Freizeit fort: im Sport, bei der Ausübung eines Hobbys – alles wird zur Leistung. Es wird auch verglichen, welche Herkunft der Einzelne hat, aus welcher Familie er kommt, welchen Status das Elternhaus innerhalb der Gesellschaft besitzt (Unter-, Mittel-, Oberschicht). Dieses Vergleichen durchzieht alle Bereiche, und so wird die Auf- oder Abwertung der anderen zu etwas Selbstverständlichem. In diesem Kontext wird psychologisch verständlich, dass wir dazu neigen, unsere Individualität an solchen Leistungsmerkmalen festzumachen, an Positionen auf Rangskalen. Ich bin sprachlich oder mathematisch begabt oder künstlerisch talentiert; ich laufe die 100 Meter in 11,6 Sekunden; mein Vater hat eine Fabrik mit zweitausend Mitarbeitern, mein Großvater war ein berühmter Schriftsteller; ich erbe einmal fünf Mietshäuser. Individualität wird an solche Leistungs-

oder Besitzmerkmale geknüpft. Dieser Individualismus ist durchaus üblich. Du kennst das alles, denn du neigst selbst zu diesen Charakterisierungen.

Individualität wird auch oft gleichgesetzt mit Bedeutsamkeit. Es gibt zwei Wege, den Erfolg in der sozialen Gemeinschaft zu suchen: die Anpassung und die Eigenständigkeit. Aus beiden Wegen kann der Einzelne eine Methode machen: Der Anpasser versucht, sich durch Integration in das System nützlich zu machen, und der Eigenständige versucht, durch seine Besonderheit auf sich aufmerksam zu machen. Dem Anpasser gestehen wir wenig Individualität zu, wohingegen der Eigenwillige durch besonders viel Individualität auffällt. Der Anpasser gleicht sich an, der Eigenständige hebt sich von diesen Konformitäten bewusst ab. Beide sind zwei Seiten einer Medaille, sind Reaktion und Gegenreaktion, gehören zusammen. Wer sich gegen das System wendet, möchte sich zwar vom System separieren, gehört aber dennoch dazu.

Individualität, wie ich sie verstehe, hat nichts mit Separierung durch Besonderheit zu tun, um dadurch Beachtung zu finden. Entfaltung der Individualität heißt nicht, bedeutend und besonders zu werden – im Gegenteil. Ich versuche dir zu vermitteln, dass Individualität nichts Besonderes ist, zwar leider selten, aber nichts, das dich von anderen abheben soll. Wenn du dich um Individualität bemühst, um dich von anderen abzuheben, dann versuchst du, dich (vielleicht gänzlich unausgesprochen und unbewusst) als etwas Besonderes zu fühlen.

Ich möchte dich motivieren, deine Individualität zu entdecken, indem du dich selbst entdeckst, den Kern deines Selbst. Du sollst durch diesen Vorgang nichts Besonderes werden, sondern nur der sein, der du bist, also wahrhaftig fühlen und denken. Du wirst dadurch nicht komplizierter, sondern einfacher. Individualität ist keine Leistung, die dich gegenüber anderen berechtigt, auf einem höheren Sockel zu stehen. Je individueller du wirst, desto mehr steigst du von den verschiedensten Podesten, die du von Kindheit an kennst, herunter.

Ich komme jetzt auf den Maler Hans zurück. Du erinnerst dich? Er versuchte, als Künstler erfolgreich zu sein, indem er sich vom Stil her an den Markt anpasste. Er wollte einerseits erfolgreich sein, aber andererseits sich selbst als Künstler finden; er wollte einen Stil praktizieren, der anerkannt wird, aber andererseits auch das malen (und in der Art und Weise malen), was er aus tiefstem Inneren heraus als subjektiv für richtig empfand; deshalb wollte er stilistisch experimentieren und sich nicht festlegen lassen. Er versuchte einerseits, anerkannt zu werden in seinem Beruf, aber andererseits auch wieder die anerkannten Wege zu verlassen, also eigenständig zu sein. Er stand in dem Konflikt, sich an gängige und bekannte Stile anzupassen oder eigene Wege der Selbstentdeckung, der künstlerischen Entfaltung zu gehen. Wir bewundern den Künstler, der dazu bereit ist, neue Wege zu gehen, der dieses Risiko auf sich nimmt – das Risiko des Scheiterns.

Individuell zu sein impliziert das Risiko, nicht anerkannt zu werden. Damit meine ich jedoch nicht die Individualität aus Protest, um sich über Provokationen interessant zu machen. Wirkliche Individualität will sich nicht *gegen* etwas anderes profilieren, sondern sie will nur so sein und das ausdrücken, was sie ist. Sie mag aufregend und protestierend (aggressiv) wirken, ist aber nicht so gemeint. Individualität ist keine Kampfhaltung, sondern ein Ausdruck der Selbstliebe; deshalb will sie sich nicht als Bedeutsamkeit darstellen.

Individuell sein heißt, einfach nur so zu sein, wie ich mich fühle; deshalb heißt es, einfach und nicht kompliziert zu sein. Ich sage dir nur, wie ich empfinde, drücke aus, wie ich fühle und denke. Diese elementare psychische Einfachheit ist nicht aggressiv gemeint, obwohl sie von anderen vielleicht als Angriff empfunden werden kann. Es ist verständlich, dass sich die Komplizierten von Einfachem provoziert fühlen. Aber bedenke: Wenn sich jemand provoziert fühlt von dir, bist du nicht zwangsläufig ein Provokateur; nicht du willst bedeutsam sein, sondern der andere misst deinem Verhalten eine Bedeutsamkeit bei, die gar nicht beabsichtigt ist.

Für den Künstler Hans war seine individuelle Ausdrucksweise nicht als Provokation gedacht – und dennoch provozierte sie. Hans wollte nicht durch Individualität bedeutsam sein – er wurde von den anderen so gesehen. Deshalb sollten wir nur individuell sein, weil wir so sind, wie wir sind, ohne die Meinungen der anderen zu beachten. Aber sie beachten uns und unterstellen uns, bedeutsam sein zu wollen, über den T(r)ick der Individualität. Du wirst dann angegriffen, obwohl du niemanden provozieren wolltest. Warum kann diese Wahrhaftigkeit provozieren? Warum wird der elementaren Einfachheit eine Absicht unterstellt? Du willst keine Bedeutsamkeit, und darin sehen sie eine Besonderheit; du willst dich als Individuum integrieren, und das wird dir als Desintegration ausgelegt; du willst nicht provozieren und dich nur so ausdrücken, wie du fühlst, und gerade das provoziert. In einer Welt der Lüge wird die Verlogenheit anerkannt und die Wahrheit voll panischer Angst gemieden.

ʌ

Eigentlich ist es etwas ganz Selbstverständliches, dass sich jeder als eigenständiges Wesen begreift – und doch ist Authentizität die Ausnahme und keineswegs die Regel, weil unser Erziehungssystem so beschaffen ist, dass entweder Anpassung oder die Gegenreaktion der Nichtanpassung als Protesthaltung erzeugt wird. Ich sehe noch einen weiteren Grund für die Schwierigkeit, authentisch zu werden: das Misstrauen gegenüber der Subjektivität.

Wir leben im Zeitalter der Technik und der Naturwissenschaften; unser Wissenschaftsverständnis ist auf messbare Objektivität angelegt. Die Naturwissenschaft arbeitet mit dem Grundprinzip der objektiven Maßstäbe und der jederzeit nachvollziehbaren mathematischen Berechenbarkeiten. In wissenschaftlichen Experimenten und Untersuchungen muss der Forscher in England zu den exakt gleichen Ergebnissen gelangen können wie der Forscher in Japan; nur dann ist ein Ergebnis verlässlich im Sinne der Wissenschaftlichkeit. Es darf natürlich bei der statischen Berechnung der Belastbarkeit einer Brücke keinen Unterschied machen, ob nun der Statiker gerade verliebt ist oder ob er nun unter depressiven Verstimmungen leidet. Die Objektivität der logischen Regeln und der physikalischen Gesetzmäßigkeiten ist also die Voraussetzung für die Entwicklung funktionierender Technik.

Objektivität und Rationalität sind eng miteinander verbunden; dagegen soll nicht polemisiert werden, wenn ich dich auf die Subjektivität hinweise. Vor lauter Begeisterung für die objektiven Methoden der Naturwissenschaften dürfen wir nicht vergessen, dass wir auch subjektiv sind und dass die ganz eigene Welt dieser Subjektivität auch ihren Wert besitzt. Natürlich sind Gefühle etwas Subjektives, und das ist gut so. Es besteht kein Grund dafür, das Subjektive weniger ernst zu nehmen. Objektive Wissenschaftsmethoden sind ein Instrument; du benutzt dieses Instrument, wenn es notwendig ist; sobald es aber nicht erforderlich ist, etwa im Bereich deines Erlebens, lässt du dieses Instrument beiseite.

So ist beispielsweise das Erleben von Kunst etwas Subjektives. Und das Schaffen von Kunstwerken ist schon gar nicht nach logischen Regeln der mathematischen Berechnungen möglich, weil der Bereich des künstlerischen Schaffens keinen objektiven Maßstäben unterliegt; deshalb wirst du jedoch nicht den gesamten Bereich der Kunst vom Tisch wischen und auf Poesie, Bilder und Musik verzichten wollen. Aus den genannten Gründen behaupte ich, dass der viel bedeutungsvollere Bereich in unserem persönlichen Leben nicht der wissenschaftlich-objektive ist, sondern der subjektive. Wenn du dich verliebst, dann ist das etwas sehr Subjektives, und du wirst selbst als Techniker und Computerspezialist nicht deine mathematisch ausgerichtete Objektivität einsetzen, denn sonst wäre es schnell vorbei mit der Verliebtheit.

Wir sollten uns also viel deutlicher und ungehemmter zu unserer Subjektivität bekennen. Du brauchst kein schlechtes Gewissen zu haben, wenn du Gefühle hast und über sie sprichst. Lasse dich also nicht verunsichern, wenn Emotionen, wie das leider oft geschieht, als ‹Sentimentalitäten› belächelt werden.

Selbstfindung heißt, die eigenen Gefühle aus der Tiefe der Seele zu erforschen. Dieses Forschen geschieht nicht mit dem Instrumentarium der Naturwissenschaften. Deine Subjektivität ist dir täglich gegeben; sie ist ein Genuss und keine problematische Angelegenheit. Es geht darum, diese Subjektivität zu vertiefen, und nicht, sie zu verleugnen oder zu fliehen. Leider haben die meisten Menschen das Empfinden, Subjektivität wäre ein Makel, etwas, das sie vor anderen verbergen müssten. Wir verleugnen auf diese Weise unsere Seele und machen uns zu Abhängigen von einer Objektivität des ‹guten› oder ‹richtigen› Funktionierens. Selbstwerdung heißt deshalb vor allem Mut zur Subjektivität.

Gerade weil ein anderer subjektiv ist, wird er für dich interessant und reizvoll. Bitte beobachte es selbst. Wenn du eine Person kennen lernst, die nur rational reagiert, die exakt und präzise wie ein Computer agiert, keine Gefühle, weder Temperament noch Schwäche zeigt, dann bleibt deine Seele unberührt, und es beschleicht dich in der Gegenwart dieser Automatenpersönlichkeit ein Unbehagen. Objektiv scheint alles perfekt zu sein, und doch fühlst du dich nicht wohl in der Gegenwart dieses Menschen – du findest ‹keinen Draht›; es geschieht kein Kontakt auf seelisch-emotionaler Ebene. Dieser perfekt funktionierende Mensch, gegen den du objektiv nichts einzuwenden hast, lässt dich dennoch unberührt und kalt, wohingegen ein sehr subjektiv, also individuell wirkender Mensch dein Interesse weckt.

Die Subjektivität darf sogar sehr weitreichend sein. Du wirst feststellen, dass dich ein Mensch gerade dann besonders anzieht und interessiert, wenn er anders ist und zu seiner Andersartigkeit steht. Die Fremdartigkeit unterliegt natürlich subjektiven Erfahrungswerten. Wenn jemand beispielsweise sehr viele unterschiedliche Kulturkreise kennen gelernt hat, dann sind ihm Andersartigkeiten auch sehr vertraut.

Das Fremdartige zieht natürlich nicht nur an, es kann auch schnell zu einer Ablehnung und Ausgrenzung führen, wenn dadurch das eigene Wertesystem bedroht zu sein scheint. Natürlich bestehen Ängste zwischen den sozialen Schichten, zwischen der Unterschicht und Oberschicht und zwischen den verschiedenen Bildungsschichten. Diese Spannungsgeladenheit soll damit nicht wegdiskutiert werden. Es bestehen auch Ängste zwischen den einzelnen Persönlichkeitstypen, so etwa zwischen dem rationalen und dem emotionalen Typus. Das führt nicht unbedingt zur Annäherung, sondern auch zur Abgrenzung. Diese Hindernisse werden jedoch durch Bekenntnisse zur Subjektivität überwunden. Was uns äußerlich zu trennen scheint – soziale Schicht, Bildung, Kultur, Konsum –, kann an Bedeutung verlieren, wenn wir uns subjektiv auf seelischer Ebene begegnen wollen.

Realismus

Realistisch zu sein ist zu einem Ideal geworden. Es gilt geradezu als Beschimpfung, wenn gesagt wird: «Du bist unrealistisch», denn damit wird gemeint, der so Etikettierte sei romantisch, verträumt, habe Flausen im Kopf und stehe nicht mit beiden Beinen fest auf dem Boden der Tatsachen. Jeder bezeichnet sich gerne als Realisten, als sachlich und pragmatisch denkend.

Ich möchte eine Auffassung vom Realismus beschreiben, die zwar weit verbreitet ist, aber die ich nicht für positiv halte. Wenn jemand nachfragt, wie die Realisten ihren Realismus verstehen, dann hören wir meist folgende Definition: «Realist zu sein heißt, den Verstand einzusetzen und sich vom Denken leiten zu lassen, nicht von Gefühlen. Es geht darum, sachlich zu sein, denn die Gefühle führen einen in die Irre. Es hat keinen Sinn, romantisch zu sein; das sind Spinnereien. Du musst immer wissen, was du willst, also deinen eigenen Vorteil beachten. Ich bin Praktiker und frage deshalb immer danach, was mir das unter dem Strich bringt. Was habe ich davon? Will mich der andere vielleicht über den Tisch ziehen? Gefühle – das ist doch nur ein Schmus, um einen zu verwirren. Du musst die Dinge rational und objektiv betrachten, dann siehst du realistisch. Alles andere ist Schwärmerei und Utopie.»

Diese Definition des Realismus ist eine egozentrisch-egoistische Betrachtung von sozialen Kontakten, bringt Kampfhaltung zum Ausdruck. Realismus gilt als Stärke, und die Subjektivität der Gefühle gilt wieder einmal als Schwäche. Ich sehe das anders, ich sage: Diese pragmatisch-sachliche Haltung der Umwelt gegenüber wird aus Ich-Schwäche heraus geboren, aus der Abspaltung von der eigenen Seele und einer bedingungslosen Hinwendung zur Rationalität, die dem Objektivitätskult verfallen ist.

Ohne Einbeziehung der Ganzheit in die Wahrnehmung, also auch in die Gefühlswelt, kann es gar keinen Realismus geben. Die sich in kämpferischer Überzeugung Realisten nennen, sind keine wirklichen Realisten, sind vielmehr ichbezogene Egoisten, die nur den Bereich der Ratio gelten lassen und einbeziehen, während sie die anderen Bereiche durch Abwertung auszuklammern versuchen. Diese Teilwahrnehmung der Realität kann nicht zur wirklichen Ich-Stärke führen, im Gegenteil, sie schwächt das Ich. Wenn ich den Bereich der Emotionen wegdränge und als unrealistisch abwerte, kann ich nicht mehr die Ganzheit wahrnehmen; also schwäche ich mich selbst und auch eine ganzheitliche Betrachtung. Das kann kein wirklicher Realismus sein.

Dieselben Realisten fallen dann auf die Lehren des ‹positiven Denkens› herein und behaupten, man müsse nur positiv und erfolgsbezogen genug denken, dann stelle sich der Erfolg auch ein. Hier offenbart sich aber eine Orientierung an dem Glauben, die positive Erwartung werde das Erwartete magisch herbeiziehen. Es handelt sich hier um Selbstsuggestion, also um eine verengende Sichtweise. Allerdings ist unbestritten, dass eine optimistische Erfolgserwartung allemal besser ist als eine pessimistische Misserfolgserwartung: Wenn nichts daran wäre, an der Selbstsuggestion, dann könnte sie sich nicht durchsetzen. Es ist psychologisch erwiesen, dass eine positive Lebenseinstellung die Lebensenergie steigert und eine negative die Kräfte schwächt. Auch die Wahrnehmung wird verzerrt: Der Pessimist sieht alles ‹grau›, der Optimist hat sich die schönfärbende ‹rosarote Brille› aufgesetzt.

Nicht selten wird auch der Alkohol als Psychopharmakon eingesetzt, um die Konflikte und Probleme des Lebens positiv zu sehen, um sich Mut zu machen. Es gibt zu denken, dass gerade die rational eingestellten Realisten sich gerne ‹alkoholisieren›. Es wundert, dass gerade die nüchternen, die Objektivität preisenden Realisten über Gott, den Sex und die Welt zu philosophieren beginnen, wenn sie einige Gläser zu viel getrunken haben. Sie benötigen die psychopharmakologische Wirkung des Alkohols, um die abgespaltene Seite ihrer Person hervorholen zu können. Alkohol macht mutig, die Wahrheit zu sagen. Es wird dann ganz offensichtlich, dass unter der Oberfläche des rationalen Realismus eine tiefere Schicht liegt, die nicht mehr so sachlich-intellektuell im Griff zu halten ist. Hinter der Fassade des Realismus liegt eine Wirklichkeit verborgen, die dazugehört. Nach einem solchen Zechgelage bleibt der Betrachter verblüfft zurück und stellt sich die Frage: «Soll man das alles nicht ernst nehmen, weil der Gesprächspartner betrunken war, oder soll man es besonders ernst nehmen, weil Betrunkene die Wahrheit sagen?»

Der Realist wird wieder nüchtern und sieht einige Tage später wieder alles sachlich. Er hat das, was er sagte, «nicht so gemeint», war es doch übertrieben formuliert und hat doch der Alkohol die Wirklichkeit verzerrt. Es wird ihm meist nicht bewusst, dass es seine Gespaltenheit war, die ihn verändert hatte; nun ist er eben wieder nüchtern und spaltet die Emotionen ab; in nüchternem Zustand ist er Realist. Aber alkoholisiert war er noch viel realistischer, denn er hat Bereiche einbezogen, die auch dazugehören, die er jedoch nicht als dazugehörig anerkennt.

Du kannst die ganze Wirklichkeit mit einbeziehen, ohne einen Tropfen Alkohol, kannst deine Gefühlswelt ständig präsent haben, ohne eine Blockade durch das Psychopharmakon aufbrechen zu müssen. Das bedeutet, so mutig zu sein, in der Gegenwart jedes in deiner Seele auftauchende Gefühl zu fühlen, auch wenn es schmerzlich ist und dich verwirrt. Das ist der Realismus: Die Realität so zu sehen, wie sie ist, in ihrer Ganzheit, über allen Aspekten, in ihrer Schönheit und in ihrer Hässlichkeit. Das bedeutet, die Schönheit zu genießen und sich vor der Hässlichkeit nicht zu verschließen – und es bedeutet, das Angenehme dankbar anzunehmen und das Unangenehme nicht von sich zu weisen. Das kann der Verstand allein nicht leisten. Die Seele mit ihren Empfindungen wird zugelassen, ist immer dabei. Der Verstand hingegen möchte sich die Realität so zurechtbiegen, wie er sie gerne hätte. Wenn du die Gefühle mit einbeziehst, dann geht das nicht, denn sie vervollständigen das Bild von der Realität.

Wir sollten über die Sinne wahrnehmen, denn sie lösen in uns etwas aus. Diese Sensitivität ist die Basis für Realität. Deshalb erfasse nicht, was einer sagt, alleine über seine verbalen und scheinbar logischen Äußerungen, sondern beziehe alle Sinne und die Gefühle mit ein. Der Realist sagt beispielsweise: «Ich liebe die Kunst.» Das sagt sich so schnell und so leicht; und es klingt so richtig positiv. Vielleicht stimmt es. Aber vielleicht ist es auch nur so dahingesagt. Nun ja, ob er die Kunst liebt, ist nicht so wichtig. Vielleicht sagt er aber auch: «Ich liebe dich.» Dann wird es für dich schon bedeutungsvoller, ob das stimmt. Und so verstehst du vielleicht besser, was ich meine, wenn ich sage, dass hinter dem oberflächlichen rationalen Realismus noch eine andere, tiefere Wirklichkeit steht; mit ihr verbunden zu sein, also ganz zu sein, das hat Gewicht. Und nun frage nicht, ob die anderen damit verbunden sind, sondern sei selbst in Verbindung mit der Wirklichkeit des Seelischen. Dann wird das alles für dich klarer und deutlicher.

Gefühle sind real

Wir sollten uns einmal danach fragen, warum wir überhaupt Gefühle fühlen, wenn sie für die Objektivität und den Realismus angeblich so störend und unwichtig zu sein scheinen. Wir erfassen die Umwelt mit unseren Sinnen, also über die Augen, Ohren, den Tast-, den Geschmacks- und den Geruchssinn. Wir sind genauso biologisch strukturierte Lebewesen, wie es die Tiere sind, und wir machen uns ein Bild nach diesen Sinneserlebnissen von der Umwelt, in die wir hineingeboren worden sind, orientieren uns über die Sinne, finden uns in der Umwelt auf diese Weise zurecht.

Jedes Lebewesen besitzt den Grad von Sinnesausprägung, den es braucht, um in seiner Umwelt zurechtzukommen, also zu überleben und sich fortpflanzen zu können. Die Fledermäuse, die sich vor allem in der Nacht zurechtfinden müssen, besitzen noch den Sinn des ‹Echolots›. Diese sinnliche Erfahrung fehlt uns Menschen, und wir haben deshalb das Radar als Sinnesprothese entwickelt. Auch das Mikroskop ist eine solche Prothese für das Auge, um Mikrolebewesen sichtbar zu machen, auch das Teleskop, um weit entfernte Sterne mit dem Auge erkennen zu können. Die objektive Wissenschaft braucht also die Sinne, sind sie doch die Basis für das Denken, für seine Hypothesen und Spekulationen.

Was die Sinne erfassen, ist nur ein Teilausschnitt der Wirklichkeit. Aber die ganze Realität können wir auch nicht mit technisch konstruierten Prothesen erfassen. Wir können zwar Sichtweisen erweitern, aber nie das gesamte Spektrum einfangen; das übersteigt einmal unsere biologischen Möglichkeiten, zum anderen unsere technischen Perspektiven. Vieles bleibt im Dunkeln, bleibt ungehört und ist weder riech- noch schmeckbar. Deshalb ist beispielsweise die radioaktive Strahlung, die wir technisch freisetzen können, so tückisch, weil unsere Sinne sie nicht wahrnehmen können. Wir benötigen dafür eine Sinnesprothese, den Geigerzähler. Um es plastisch auszudrücken: Wir können mit unseren Sinnen vielleicht etwa 1 Prozent der Realität erfassen und darüber hinaus vielleicht 10 Prozent mit technischen Prothesen, aber etwa 90 Prozent bleiben uns verborgen. Ich sage das nicht mit einem Bedauern, denn ich meine, wir hätten in unserem Leben genug damit zu tun, dieses eine Prozent zu erfahren, vor allem zu erleben. Es ist bedauerlich, dass uns eine falsche Einstellung zu unserem Personsein oft daran hindert, die über die Sinne erfahrbare Welt auszuschöpfen. Wenn wir uns auf die Rationalität zurückziehen, dann machen wir die Fenster immer mehr zu.

Sinnliche Erfahrung wird nicht einfach nur registriert. Farben sind nicht neutrale Farben, Töne sind nicht nur akustische Fakten – die Seele sieht und hört mit. Sinnesreize wirken in uns hinein und lösen Gefühle aus. Wir sehen nicht nur die Farbe Gelb oder Rot, wir fühlen auch etwas dabei. Viele stehen auf dem Standpunkt, wir sollten uns dabei etwas denken; das wäre wichtiger, als etwas zu fühlen, denn es hätte keinen Sinn, Gefühle zu haben. Damit begäben wir uns auf eine niedrige Stufe; schließlich stellte das Denken die höhere Stufe dar.

Das ist ein Schritt in die falsche Richtung. Denken und Fühlen lassen sich nicht so einfach gegeneinander ausspielen. Es handelt sich um zwei verschiedene Welten, und jede dieser Welten hat ihre wichtige Berechtigung. Deshalb sollte hier keine Wertung stattfinden, denn es hat einen biologischen Sinn, die Sinnesreize subjektiv zu fühlen.

In unserer modernen technischen Zivilisation besteht ein destruktiver Widerspruch: Auf der einen Seite wollen wir rational und sachlich sein, aber auf der anderen Seite lechzen wir nach der Welt der Gefühle. Wir wollen rational, objektiv, realistisch sein, aber wir wollen auch fühlen, obwohl wir uns unserer Gefühle geradezu schämen – und weil wir unsere Gefühle im Alltag mehr und mehr zurücknehmen, weil sie abgewertet werden, suchen wir sie in der Unterhaltung. Die Unterhaltungsindustrie produziert sie denn auch, diese Gefühle, und zwar auf einer abstrahierten Ebene. Wenn wir etwa ins Kino gehen und einen ‹ans Herz gehenden› Film anschauen, dann verdrücken wir schon mal die eine oder andere Träne. Im realen Leben haben wir uns dagegen nicht selten das Zeigen von solchen Gefühlsäußerungen abtrainiert.

Wir sollten uns nicht spalten lassen. Das geschieht aber, wenn wir die Gefühlswelt im realen Leben wegdrängen und sie in der elektronischen Scheinwelt wieder herauslassen. Wir dürfen unser Bedürfnis nach Gefühlen – es ist nicht nur ein Bedürfnis, es ist unsere Grundstruktur – nicht auf zwei Ebenen verteilen: Das reale Leben soll frei davon sein, das über die Medien vermittelte Leben toleriert sie. Ich denke, du erkennst jetzt die Perversion. Ich empfinde das als skandalös und auch beleidigend für unser Menschsein. Ich möchte dich davon loslösen und befreien, möchte dich aus dieser Gespaltenheit, indem ich sie dir bewusst mache, zurückführen. Die erlebte Wirklichkeit ist real: Dort sind deine Gefühle angesprochen, und dort sollst du sie erleben, nicht verbergen. Es ist eine Störung, wenn du bei einer Liebeskummerstory, die dir elektronisch vermittelt wird, den Tränen freien Lauf lässt, aber bei deinem eigenen ganz persönlichen Kummer nicht weinen kannst.

Es ist bedauerlich und für mich zutiefst erschreckend, wenn manche sich nur in eine Medienperson verlieben und in der Realität ihres persönlichen Lebens vor lauter Realismus, Sachlichkeit, Intellektualismus und Pragmatismus diese Gefühle nicht mehr ausgelöst werden können. Diese Gefühle sind etwas sehr Reales, sind so real wie der Stuhl, auf dem du sitzt.

Wir misstrauen unseren Gefühlen im Alltag, aber wir sehnen uns nach Gefühlen (die wir uns dann aus dem Medienangebot sozusagen herausfischen). Wenn wir es so betrachten, dann wird sogar die Poesie verdächtig. Wozu benötigen wir Poesie, wenn sie in uns ist? Warum muss uns ein Dichter sagen, was wir selbst empfinden sollten? Warum brauchen wir Verse von Hermann Hesse?

»Golden tropft Blatt um Blatt / nieder vom hohen Akazienbaum. / Sommer lächelt erstaunt und matt / in den sterbenden

Gartenbaum.» Warum gehen wir nicht hinein, gehen nicht in unsere eigene Poesie? Wir machen die Sinne auf und sehen es selbst und fühlen, wie der Spätsommer lächelt, wie golden die Blätter tropfen, wie wir selbst erstaunen und lächelnd unser Verwelken begreifen. Kannst du das nicht selbst erfahren? Nein. Denn du hast große Angst davor. Wir erleben nicht ganz, solange wir uns nur mit der Rationalität befassen wollen. Doch bedenke: Die Gefühle, die damit verbunden sind, sie sind real. Kehre um, denn du hattest einmal diese Ganzheit. Über die Sinne erfahren, in der Seele die Resonanz fühlen, Glück empfinden und Traurigkeit ausweinen – erst dann schließt sich der Kreis, und dann wird auch dein Nachtschlaf wieder ruhig und erfrischend. Wir müssen das Verschüttete wieder hervorholen. Die Diamanten in der Seele warten auf den Lichtstrahl, der sie wieder funkeln lässt.

Gefühle nicht analysieren

Sich selbst zu nähern heißt vor allem, sich den eigenen Emotionen zu nähern, aber auch dem Denken. Wir sollten dabei die Gefühle und das Denken voneinander separieren. Emotionen können wir nur erkennen, indem wir sie ausfühlen. Das eigene Denken erfassen wir, indem wir Gedankenfragmente zusammenfügen und somit die Struktur ihrer rational-logischen Hintergründe verfolgen. Ich möchte mich jetzt jedoch den Emotionen widmen, nicht dem Denken, wobei ich durchaus weiß, dass es oft große Schwierigkeiten bereitet, beides voneinander zu trennen.

Ich möchte dir bewusst machen, dass diese Annäherung an die Emotionen nichts mit ‹Psychoanalyse› zu tun hat. Es geht nicht darum, die Emotionen zu analysieren oder sie zu psychologisieren. Analyse heißt zergliedern, in seine Bestandteile zerlegen, und Synthese bedeutet, das Zergliederte wieder zusammenzusetzen. Es geht hier weder um die Analyse noch um die Synthese von Emotionen.

Es ist typisch für den Verstand, dass er zunächst Dinge benennt und sie dann verbalisierend analysiert. Das auf die Gefühle zu übertragen, also sie nur zu verbalisieren, wäre jedoch wenig hilfreich. Aufgrund unserer rationalen Mentalität neigen wir dazu, alles zu verbalisieren, meinen wir, wenn wir etwas in Worte fassen könnten, dann hätten wir es verstanden oder könnten darüber verfügen. Das trifft auf die wissenschaftliche Forschung zu, denn sie muss alles deklarieren, für alles einen Namen finden, also eine Nomenklatur einführen, damit jedes Detail beschrieben werden kann und jeder Wissenschaftler weiß, welches Detail gerade gemeint ist.

Die Analyse (und die Nomenklatur) spielen – das ist unbestritten – eine große Rolle in unserer technisch orientierten Welt. Wenn wir uns aber unseren Gefühlen nähern, dann sollten wir diese ‹Verbalisierungssucht› beiseite lassen. Zwar benutzen wir Begriffe wie Angst und Neid, Liebe und Freude, Hass und Aggression, Begierde und Sehnsucht sowie Eifersucht und Traurigkeit, um die verschiedensten Empfindungen zu benennen und uns auf diese Weise verständlich zu machen, doch geht es jetzt nicht darum, diese Emotionen zu benennen, um über sie sprechen zu können. Ich möchte dich vielmehr an die Gefühle heranführen, ohne sie zu benennen und sie zu erklären. Wenn wir fühlen, dann geht es um das Fühlen, nicht um eine Kommunikation mit anderen darüber. Und da liegt offenbar die große Schwierigkeit: Es fällt uns schwer, in unsere Gefühle ‹hineinzugehen›. Wenn uns das denn doch gelingt, wenn wir aber Gefühle spüren, jenes Seelische in uns, dann prescht sofort das Kommunikationsbedürfnis dazwischen: Wir wollen das Gefühl benennen, um es anderen mitzuteilen. Weil das aber oft nicht möglich ist, weil es keine präzisen Bezeichnungen für bestimmte Seelenvorgänge gibt, glauben wir, es handele sich hier nur um einen flüchtigen Schein, also um nichts Konkretes, Fassbares – schließlich sind wir so geprägt, weil wir meinen, nur das, was benannt werden könnte, wäre real. Das aber ist ein verhängnisvoller Irrtum.

Wir stehen nicht nur in Kommunikation mit anderen Personen, sondern wir sind auch in Kommunikation mit uns selbst; wir unterhalten uns nicht nur mit einem von uns getrennten Individuum, sondern wir sprechen auch in uns mit uns – nicht laut zwar, denn wir wollen ja nicht als ‹merkwürdig› stigmatisiert werden; deshalb beherrschen wir uns. Wir sprechen also innerlich, in uns finden Gespräche statt. Das ist völlig normal und hat nichts mit einer Psychose zu tun.

Dieses Gespräch, das in uns stattfindet, ist eine innere Realität. Wir wollen uns jetzt damit beschäftigen, und zwar vorurteilslos, müssen uns auch damit befassen, denn es hat wenig Sinn, dem immer wieder auszuweichen, nur weil wir mit anderen darüber nicht sprechen, da wir uns nicht trauen, es zuzugeben.

Um ein Gespräch zu führen, sind entweder Personen oder Instanzen notwendig, die verschiedene Standorte einnehmen. In unserem Fall ist der eine Standort das Seelische – dort findet das Gefühl statt –, der andere das Denken, welches das Gefühl verbalisiert, es auf- oder abwertet. Und wenn wir nun genau hinsehen, dann erfassen wir, dass das Denken mehrere

Standorte hat, nach denen es die Verbalisierungen wertet. Im Volksmund heißt es: «Jedes Ding hat zwei Seiten.» Nur zwei? Wenn wir es genau betrachten, dann hat jedes Gefühl und jede Meinung dazu mehrere Seiten, jedenfalls nicht nur zwei. Diese Seiten sind in uns.

Man sagt, wenn zwei Juristen zusammen sind, dann sind sie nicht nur verschiedener Meinung, sondern sie haben drei Meinungen. Nicht nur unter Juristen ist meist eine dritte Meinung mit dabei, sondern auch unter Medizinern und Psychologen. Wenn wir ganz intensiv uns selbst beobachten, dann stellen wir fest, dass wir drei, vier und mehr Meinungen in uns haben. Das ist nichts Abnormes, und das hat schon gar nichts mit ‹Schizophrenie› zu tun.

Wir fühlen etwas – das Gefühl ist elementar –, fühlen eine Sprache, die zu uns spricht, keine verbale Sprache natürlich. Und sofort macht sich die Ratio über dieses Gefühl her; sie versucht, es zu benennen und dann zu werten; und mit der Benennung ist meist schon die Auf- oder Abwertung verknüpft. Wenn ich beispielsweise gegenüber einem anderen Menschen Zorn fühle, dann wertet die Ratio vielleicht ab: «Du darfst nicht wütend sein; das ist ein schlechtes Gefühl; es schadet eurer Beziehung.» Wenn ich Zuneigung und Sympathie empfinde, dann sagt die Ratio vielleicht: «Du darfst keine Sympathie empfinden, denn das schadet deiner sozialen Stellung.» Die Emotion ist also das eine und die Bewertung des Denkens mit seinen Normen das andere. So findet in uns ein Zwiegespräch statt, und zwar zwischen dem Erleben und der rationalen Bewertung. Emotion und Ratio sind die Gesprächspartner. Die Ratio möchte die Gefühle analysieren und psychologisieren – und schon wird eine Spaltung vollzogen. Oft nimmt dann die Ratio verschiedene Bewertungsstandpunkte ein; das kann ein politischer, ein sozialer, ein ästhetischer, ein religiöser, ein nationaler, ein rassistischer oder auch ein wirtschaftlicher sein. Das alleine sind schon sieben verschiedene Analysestandpunkte von den vielen, die in uns angelegt sind. Ich betone: Nicht von außen kommen diese Standpunkte, müssen also gar nicht erst in die Diskussion geworfen werden, nein, sie sind bereits in uns, aufgrund unserer Erziehung und Sozialisation.

Wir haben diese verschiedenen Aspekte schon lange in uns verinnerlicht. Das hat nichts mit psychologischer Theorie zu tun, und ich will dich auch nicht psychologisch beeinflussen; denn schließlich kannst du selbst in dir nachprüfen, ob das zutrifft oder nicht. Ich möchte dich auch nicht in eine Art von Psychoanalyse hineinziehen, möchte ferner keine wissenschaftlich-philosophische Richtung vertreten – und ich möchte dir nichts beweisen. Ich vertrete weder eine Theorie noch eine psychologische Schule, noch eine Therapierichtung; hinter mir steht weder eine Universität noch eine politische Partei, noch eine religiöse Gemeinschaft; du sollst von nichts überzeugt und nicht überredet, und es soll auch nichts bewiesen werden, was als Postulat oder Hypothese von irgendeiner Interessengemeinschaft eventuell vertreten wird. Wir betrachten vielmehr völlig frei und unabhängig von Meinungen, Ideologien, Utopien. Ich möchte dir keine Meinung aufdrängen. Meine Meinung ist bedeutungslos, wenn *du* damit nichts anfangen kannst. Ich sage nur: Fühle deine Gefühle, ohne sie zu analysieren durch Verbalisierung. Es ist schon viel zu viel Verbalisierung durch deine Ratio in dir vorbereitet. Wir sollten sie vom Tisch wischen. Du diskutierst schon häufig genug in dir, und deshalb geht es nicht darum, neue Diskussionspunkte ins Spiel zu bringen.

Du kennst die verbreitete Charakterisierung, die da heißt: «Der Mensch ist ein soziales Wesen.» Damit wird nicht gemeint, dass er altruistisch und solidarisch ist, sondern ein Gruppenwesen, welches die Sozialgemeinschaft braucht. Allein aus der Tatsache, dass wir viele Jahre der Kindheit auf die Versorgung und Pflege durch die Familie angewiesen sind, ist diese Meinung nicht herzuleiten – da schon eher aufgrund der Ausbildung des Über-Ich (nach der Instanzenlehre Sigmund Freuds).

Wir brauchen die soziale Gemeinschaft, denn unsere Gesellschaft basiert auf Arbeitsteilung. Davon abhängig war in früheren Zeiten die autarke Selbstversorgung – etwa auf abgelegenen Gehöften – durchaus möglich. Voraussetzung hierfür: Auf diesen Höfen musste die kleine Gemeinschaft auf Gedeih und Verderb zusammenhalten.

Es geht jetzt nicht darum, ob der Mensch ein Einzelgänger ist oder ein Gruppenwesen, denn er sollte auch innerhalb der sozialen Gruppe ein Einzelmensch mit Individualität sein können, ein Thema, das wir bereits behandelt haben.

Ich möchte dich heute auf die Gefahr der Abhängigkeit in einer Gemeinschaft von den Mitgliedern solch einer Gemeinschaft hinweisen. In seiner Entwicklung über die Kindheit, die Jugendzeit und die Adoleszenz will der Einzelne nicht nur abhängig sein. Die Pubertät ist deshalb die Zeitphase, in der die Gemeinschaft kritisch gesehen wird, in der die Besinnung auf das eigene Ich erfolgt.

Die Pubertät ist eine Zeit, in der sich der Einzelne selbst bespiegelt, und zwar nicht nur vor dem Toilettenspiegel, sondern auch und gerade in der Meinung der anderen. Jeder will erkunden, wie die anderen über ihn denken, was sie von ihm halten, will wissen, ob er gut aussieht, ob er sympathisch wirkt. In der Pubertät wiederholen sich daher regelmäßig die Fragen: Wie gefällt dir meine Frisur? Wie gefällt dir dieses (jenes) an mir? Warum gefällt es dir nicht? Aufgrund des erwachenden Selbst beginnt der Jugendliche, sich von den Wertmaßstäben der Eltern (oder der bisherigen Bezugspersonen) zu lösen, und macht oft das genaue Gegenteil. Wenn die Eltern bisher etwa auf einen kurzen Haarschnitt Wert legten, lässt man sich die Haare lang wachsen, und wenn sie etwa auf Ordnung und Sauberkeit pochten, probiert man das Chaos und die Anarchie. Sind die Eltern dagegen unsauber und chaotisch, hält man peinliche Ordnung und duscht täglich fünfmal.

Trotz dieser Gegenreaktionen sind wir nicht frei davon, die Meinung der anderen zu erfragen und auszutesten. Die Pro-Test-Haltung ist ein Test. Wir reflektieren uns selbst in den Ansichten, Meinungen und Stellungnahmen der anderen. Wir wollen wissen, wo wir stehen in den Augen, auch im Denksystem der anderen – wir spiegeln uns in ihnen. Diese Reflexion ist ein natürlicher Vorgang im Lernprozess. Die anderen vermitteln uns ein Bild, das sie von uns haben. Dieses reflektierte Bild ist die Ursache dafür, wie wir uns verhalten, um uns eventuell anzupassen, damit wir ihrem Bild nahe kommen. Andererseits wehren wir uns vielleicht auch dagegen, einem vorgegebenen Bild überhaupt zu entsprechen. Dann meinen wir, selbständig zu sein. Doch wie Anpassung Abhängigkeit von Fremdbestimmung ist, so ist auch Protest Abhängigkeit von Fremdbestimmung. Wir glauben zwar, Selbstbestimmung gefunden zu haben, sind aber immer noch in demselben System eingebunden. Anpassung und Protestbewegung weisen ein gleiches Muster auf. Protest und Revolution bedeuten deshalb noch lange nicht

Fortschritt, noch lange nicht Freiheit. Anpassung und Revolution sind nämlich gebunden an die Reflexion des Fremdbildes – was bedeutet: Durch Revolution entsteht kein eigenständiges Selbstbild.

Ich möchte dir damit Folgendes sagen: Du sollst dir der Reflexion deiner Persönlichkeit, deines Selbstbildes bewusst werden. Die Bespiegelung muss daher gänzlich aufhören – und das ist die große Schwierigkeit. Individuation beginnt erst dann, wenn die Reflexion beendet ist. Das gelingt den wenigsten, was jedoch nicht heißt, es wäre schwer. Dieser Umstand wird den meisten Menschen während ihres Lebens eben nie richtig bewusst, auch deshalb, weil sie niemand darauf hinweist. Wir sind es gewohnt, dass uns andere auf etwas hinweisen, und zwar auf einen Standpunkt, der artikuliert wird. Da er aber höchst selten artikuliert wird, scheint der Vorgang für viele nicht zu bestehen.

Es hat nicht nur das Realität, was artikuliert und reflektiert wird. Hinter aller Reflexion, die von außen kommt – ein Spiegel zum Beispiel ist etwas Äußerliches –, existiert ein Bedürfnis nach Selbsterfahrung und Selbsterkenntnis, unabhängig von allem Äußeren. Dieses Thema sollten wir vertiefen, gerade weil niemand darüber spricht und weil es deshalb kein ernsthaftes Thema zu sein scheint.

Es ist etwas in dir, das nur dir gehört, ja, das nur dich ausmacht. Diesem Inneren wollen wir uns nähern, denn darauf kommt es an. Du möchtest dich so sehen, erkennen und annehmen, wie du tief innerlich bist. Dort ist etwas, das nur du selbst sehen kannst, kein anderer. Es ist deshalb zunächst einmal nicht möglich, dieses Etwas in einem Spiegel zu betrachten. Erst wenn du es gesehen hast, kannst du versuchen, es in Worte zu fassen, um es der Reflexion durch andere vorzulegen.

Es zu sehen und zu erkennen ist der wichtigste Vorgang, während die Reflexion nachfolgend ist, also sekundär. Du kannst mit der Zeit unabhängig und frei werden von dieser Reflexion, obwohl sie nach wie vor fortbesteht. Dennoch werden deine Mitmenschen meist versuchen, dir ihre Bespiegelung geradezu aufzudrängen, weil sie nichts anderes kennen und sich selbst ständig in anderen reflektieren.

Es gibt eine Nähe zum eigenen Selbst, die keiner Reflexion mehr bedarf. Dort beginnt die Ich-Stärke – und dorthin möchte ich dich begleiten. Ich versuche, dein Inneres dafür zu öffnen. Das hat nichts mit ‹Esoterik› zu tun. Es gibt nämlich in dir eine Realität, die zwar nicht wissenschaftlich seziert werden kann, aber die dennoch elementare Wirklichkeit besitzt. Diese Wirklichkeit ist eine eigene Welt. Was ist elementarer, die Wirklichkeit oder ihre Betrachtung in einem Spiegel? Vor einer Spiegelwand stehend, greifst du immer nach der realen Person, nicht nach ihrem Spiegelbild. Du bist, der du bist, lebst relativ so, wie du dich innerlich fühlst – und nicht, wie du dich selbst in einem Spiegel siehst.

Wenn wir verliebt sind, wollen wir wissen, ob diese Person uns auch liebt, wollen erfahren, ob sie uns als liebenswert, tüchtig, gut aussehend und begehrenswert empfindet. So reagieren die meisten Männer und Frauen; es erscheint deshalb normal und natürlich. Der andere ist für uns ein Spiegel, und wir wollen für ihn ein Spiegel sein. Ich hoffe, du erkennst, wie verkehrt das alles ist, spiegelverkehrt.

Kein Selbstbild

Durch Fremdbestimmung, also durch Manipulation von außen, werden wir konditioniert. Andere haben ein Bild von mir, von dem ich durch Reflexion erfahre. Ich kann entweder versuchen, diesem Bild gerecht zu werden, oder ich kann es ablehnen. So habe ich bei anderen ein ‹Image›, das ich pflegen und fördern kann oder dem ich, falls es abgelehnt wird, ein anderes Image entgegensetze und aufbaue.

Du hast ein Selbstbild von dir und hältst dich unter anderem für mathematisch begabt, für intelligent, traust dir dieses und jenes zu und anderes nicht. Es gibt ein Selbstbild, das du vor dir vertrittst, und eines, das du nach außen zum Ausdruck bringst. Du weißt auch von dir, dass du beispielsweise sehr sensibel und verletzlich bist, aber dieses Selbstbild versuchst du zu verbergen, da andere davon nichts merken sollen; also gibst du dich sachlich, kühl, durchsetzungsbetont, als wärest du hart und unverletzlich. Doch gerade weil du verletzlich bist, gibst du dich aggressiv, denn im Angriff liegt angeblich ‹die beste Verteidigung›. So entsteht ein Widerspruch in deiner Person: Auf der einen Seite steht das Selbstbild, auf der anderen das Image, das du nach außen vor anderen dokumentieren willst. In diesem Widerspruch liegt eine Spannung. Vielleicht gelingt es dir meist, diese Spannung nach außen nicht sichtbar werden zu lassen; dennoch ist sie vorhanden, da du dich angespannt fühlst. Ergo: Auch wenn du dieses Gefühl verdrängst, also vor dir zu verbergen suchst, so ist es dennoch wirksam. Nicht nur das: Wenn du es verdrängst, macht es sich durch psychosomatische Beschwerden bemerkbar. Wir können uns auf Dauer nicht selbst unbeschadet etwas vormachen und uns belügen.

Andere lassen sich vielleicht von einer Fassade, einer Maske täuschen, aber dein eigener Körper reagiert entweder mit Gesundheit und Wohlbefinden (wenn du dich nicht belügst) oder mit Krankheitssymptomen (wenn der Konflikt, wenn die Spannung in dir ist). Bitte, denke nicht, hier handele es sich nur um psychologisierende Theorien. Keineswegs, sind dies doch erwiesene Tatsachen, die wirksam sind. Eine Tatsache wird durch rationales Herunterspielen nicht unrealer oder unwirksamer.

Ich weiß, es ist sehr schwer, den Tatsachen offen und ohne Beschönigung ins Auge zu sehen. Wir neigen dazu, an einer Tatsache herumzumanipulieren. Du hast es vielleicht schon selbst erlebt, wenn du in einen Menschen verliebt warst und dir gewünscht hast, er möge dich auch lieben. Wenn er dich liebt, ist ja alles wunderbar, aber wenn er dich nicht liebt, dann ist das sehr schwer als Realität hinzunehmen. Das Gehirn ist dann erfinderisch, konstruiert Ideen, Phantasien, Utopien, Hoffnungen, Erwartungen, jedenfalls viele Entschuldigungsgründe dafür, warum der andere ‹nicht so verliebt› ist, wie ich es bin. Dann heißt es: «Sie hängt noch an ihrem alten Freund; ich muss ihr Zeit lassen.» Oder: «Sie hat noch nicht erkannt, was für ein liebenswerter und wertvoller Mensch ich bin. Außerdem hat sie zurzeit viel beruflichen Stress um die Ohren; sie kann sich nicht genug fallen lassen.» Oder: «Ich muss mich wohl etwas mehr bemühen, ihr Blumen schicken, Liebesbriefe schreiben, sie öfters anrufen, ihr mehr und mehr sagen, wie sehr ich sie liebe.» Nimm doch die Tatsache einfach hin, wenn sie denn so ist, und gestehe dir ein: «Sie liebt mich nicht.» Das kann viele Gründe haben, die du nicht ergründen kannst, denn du kannst niemals gänzlich erfassen, was in ihr vorgeht. Du kennst nicht ihre Konditionierung, nicht ihre Pläne, Ideale,

Utopien. Es hat keinen Sinn, ihr ein Image vorzugaukeln, das du vielleicht bei ihr gar nicht hast, auch niemals erreichen kannst. Nicht nur deshalb solltest du erst gar nicht versuchen, dir ein Selbstbild zu konstruieren, welches mit der Wirklichkeit nicht vereinbar ist. Das heißt nicht, die Hände in den Schoß zu legen und inaktiv zu verharren. Wenn sich jemand beispielsweise für Medizin interessiert und Arzt werden will, dann muss er studieren, lernen und mit vollem Engagement bei der Sache sein, damit er einmal ein guter Arzt wird. Aber ein Liebspaar kann nicht *werden*, wobei alles Bemühen und alles Engagement keinen Wert hat, da sich das nur *ereignen* kann. Äußerliches kann werden, kann entstehen. Innerliches dagegen ist da, ist Sein. Das Geschriebene ist nur ein Bereich des Lebens und des Menschseins, das mit dem Sein zu tun hat, nicht mit dem Habenwollen.

Deshalb sage ich dir: Befreie dich von allen Selbstbildern. Charakterisiere dich nicht, sondern bleibe offen und ordne dich auch nicht in eine Typologie ein (was lediglich eine Festlegung wäre.) Deshalb bin ich auch beispielsweise gegen die Typologie der Astrologie eingestellt, und zwar deshalb, weil sie uns unfrei macht. Sage also nicht, ich bin Skorpion – und Skorpione sind eben so und so. Wenn du dich mit dieser Typologie identifizierst, schaffst du ein Selbstbild, das dich festlegt und einkerkert.

Du solltest dich selbst erforschen, völlig unabhängig von astrologischen oder anderen Typologien. Es geht nicht um die Frage, ob an der Astrologie etwas dran ist oder nicht – diese Diskussion kannst du getrost bei nichts sagenden Partygesprächen führen –, sondern es geht darum, wer du wirklich bist, unabhängig von deinem Sternzeichen. Sicherlich wird hierbei manches zutreffen, weil es aufgrund der Allgemeinheit alles

Psychischen irgendwann auch einmal zutreffen muss. Der Wassermann, sagt die Astrologie, ist Neuem gegenüber aufgeschlossen; natürlich trifft das auf viele Wassermänner auch zu. Der Krebs geht drei Schritte vor und dann wieder zwei zurück; das trifft bestimmt auf viele Krebse zu, aber auch auf viele Wassermänner. Wenn etwas zutrifft, heißt das aber noch lange nicht, dass das ganze System in sich schlüssig und stimmig ist. Wenn man sagt, Wassermann und Krebs passen nicht zusammen, dann kann das natürlich vorkommen. Wenn es aber gut geht, so heißt es: «Ausnahmen bestätigen die Regel.» Ich möchte, dass du dich frei machst von allen Typologien, von allen Stereotypen, von allen Fremdbildern, heißen sie nun Akademiker, Arbeiter, Künstler, Manager oder Professor, Homosexueller, Moslem, Jude oder Christ, Kind, Mann oder Frau, Sozialarbeiter, Obdachloser oder Geschäftsmann. Das alles hat keinen Wert für dich.

Versuche, weder die anderen zu typisieren noch dich selbst. Mache dir von dir selbst kein Selbstbild und von den anderen kein Fremdbild. Erforsche dich selbst und erfahre, wer du wirklich bist. Dafür brauchst du keine Typologie. Und erforsche den anderen, wie er wirklich ist, ohne jegliche Hilfsmittel, ob Astrologie, Psychologie oder Religion, ob Soziologie, Moral oder Ethnologie.

Natürlich kannst du in einer Konfliktsituation einen Psychotherapeuten nach seiner Meinung fragen. Es ist gut, Fragen zu stellen, möglichst an die jeweiligen Fachleute auf ihrem Gebiet. Höre dir die verschiedenen Meinungen an; das ist sehr interessant und durchaus wertvoll. Alle diese Meinungen sind aber nur Bilder; integriere sie nicht zu einem Selbstbild.

Niemand, wirklich niemand, weder Lehrer noch Vorgesetzter, weder Priester noch Psychologe, weder Philosoph noch

Künstler, kann dir sagen, wer du bist. Nur du selbst kannst das erkennen, indem du bereit bist, schonungslos und vorurteilslos in dich hineinzuschauen. Kann dir ein anderer sagen, was dir gefallen soll? Kann dir ein anderer sagen, in welche Frau du dich verlieben sollst? Kann dir ein anderer sagen, wie du dich beruflich verwirklichen kannst, was dich interessieren sollte?

Kannst du einen anderen manipulieren, das schön zu finden, was dir gefällt? Kann ein anderer wissen, wer du bist und was du fühlst? Kannst du das umgekehrt von ihm wissen? Du brauchst kein Selbstbild von dir, musst auch nicht wissen, welches Image du hast. Du brauchst keinen Spiegel, musst auch nicht anderen einen Spiegel vorhalten.

Versuche nicht, andere einzuordnen oder gar ändern zu wollen. Nehme dich so an, wie du tief innerlich bist, dann kannst du das auch nach außen tragen, kannst den anderen so erkennen, wie er ist, ohne Auf- oder Abwertung, ohne ihn manipulieren zu wollen. Dort angelangt, beginnt die Entfaltung der Liebe. Wenn Selbstmanipulation endet, zerfallen auch das Fremdbild und die Manipulation der anderen. Das geschieht ohne Zwang, Disziplin, Pflichtgefühl oder Wollen.

Die Tatsache zu erkennen und sie zu lieben – darauf kommt es an, darin liegt Weite und Freiheit. Wir brauchen keine Enge durch das Denken. Die Ratio schafft die Probleme, die Seele aber ist offen und frei, wenn wir sie nur lassen. Ich weiß, du kannst das alles immer noch nicht vollständig nachvollziehen, da dein Denken viele Einwände macht, dein Denken der Herrscher ist, der die Schönheit unterjocht.

Fünftes Kapitel
Erst durch den Kontakt mit dir selbst
verstehst du andere wirklich

In unserer Leistungsgesellschaft ist Ehrgeiz eine erstrebenswerte und geschätzte Tugend. Von frühester Kindheit an wurdest du dazu angehalten, strebsam zu sein, dich zu bemühen, zu lernen, gute Noten zu erzielen, besser zu sein als deine Klassenkameraden. Du hast mir deine Kindheit, deine Jugend und deine Studienzeit geschildert. In deiner Familie legte man großen Wert auf ‹Herkommen›; man hat dir von Anfang an gesagt, dass du in einer ‹Akademikerfamilie› lebst, dass dein Vater promoviert hat, dein Großvater Mediziner war und dein Urgroßvater Bürgermeister – und dass aus allen in dieser Familie ‹etwas geworden› ist. Es gab nicht einmal ein ‹schwarzes Schaf›, obwohl es durchaus die Regel ist, dass in einer solchen Familie wenigstens einer revoltiert und somit ein Gegenbild aufbaut. Du hast Angst davor, nun womöglich das erste ‹schwarze Schaf› in deiner Familie zu werden, denn du bist der Einzige, der sich ‹diese Gedanken› macht. Du weißt aber auch, dass du finanziell abgesichert bist. Deine Schwester ist ‹gut verheiratet› (wie ihr es in euren Kreisen formuliert), und ihr werdet euch eines Tages ein stattliches Erbe teilen können. Schließlich leitet der Bruder deines Vaters – er hat keine Kinder – als Inhaber ein großes Konsumgüterunternehmen.

Nun bin ich etwas abgeschweift vom Thema Ehrgeiz. Du weißt, dass du sehr ehrgeizig bist; damit sage ich dir nichts Neues. In deiner Familie spielen die Leistung, das Geld, der

Konsum und der Status eine große Rolle. Du hast früh erfahren, dass du sozial und finanziell zwar privilegiert bist, aber man hat von dir auch besonders herausragende schulische und berufliche Leistungen erwartet. Und es kommt noch hinzu, dass du immer von ehrgeizigen Gleichaltrigen umgeben warst. Ehrgeizige und strebsame junge Männer waren deine Freunde, und ehrgeizige junge Frauen waren deine Freundinnen, und auch deine von dir mittlerweile geschiedene Frau war so. Sie ließ sich von dir versorgen, und die Möglichkeiten, die du ihr bieten konntest, waren nie ausreichend und zufriedenstellend – sie wollte, dass du viel erreichst und weiter nach oben kommst. Auf dieser Basis war sie eine ‹emanzipierte Frau›, die tun und lassen konnte, wonach ihr gerade zumute war. Erst als du erfahren musstest, dass sie dich seit einem Jahr sexuell betrogen hatte, warst du bereit, dich von ihr zu trennen.

Der Ehrgeiz deiner Frau bestand darin, dich in deinem Ehrgeiz zu bestärken. So ist alles in allem Ehrgeiz für dich eine sehr natürliche Sache. Wie denn auch? Du kennst es ja nicht anders. Nicht ehrgeizig zu sein ist für dich gleichbedeutend mit Uninteressiertheit, Schlampigkeit, Dummheit, Chaos, mit dem Sich-gehen-Lassen, ja mit dem Sich-durchhängen-Lassen, mit unsolide, untüchtig und nicht wertvoll zu sein. Streben, streben, streben – du hast nichts anderes in deinem sozialen Umfeld gesehen.

Die Philosophie des Strebens und des Erringens von herausragenden Leistungen war von Anfang an der bedeutendste Einfluss auf dich – und du hast diese Ehrgeizhaltung geradezu ständig eingeatmet. Wo großer Ehrgeiz ist, sind die Leistungserwartungen hoch gesetzt, Leistungserwartungen, die nicht immer erfüllt werden können – also waren deine ständigen emotionalen Begleiter auch Angst, Frustration und Ärger.

Du möchtest, dass ich dir aus diesem Dilemma heraushelfe, möchtest aber auch auf der einen Seite den Ehrgeiz nicht aufgeben, auf der anderen wiederum Angst, Ärger und Frustration nicht mehr erleiden müssen. Die Psychologie müsste, so meinst du, doch einen Weg wissen, wie das realisiert werden könnte. Wenn ich dir sage, dass ich keinen solchen Weg aufzeigen kann, dann bin ich für dich ein ‹schlechter Psychologe›. Du gehst dann zu einem anderen – der dir aber auch keine Lösung anbieten kann – und dann zum nächsten, der es auch nicht kann. Du gehst zu den Astrologen, den Esoterikern, den Gurus, den Karrieretrainern, den Spiritisten, Seminaranbietern für Selbsttransformation – und wie dieser Hokuspokus auch genannt wird.

Solange du deinen Ehrgeiz nicht hinterfragst und ihm auf den Grund gehst, wird sich nichts ändern. Du kannst so viele Seminare besuchen, wie du willst, kannst Philosophen, Psychotherapeuten und Gurus aufsuchen und dir ihre Meinung anhören – und das Einzige, was du davon hast, ist: Du kannst erzählen, wo du überall warst. Doch eine Lösung hast du bisher nirgendwo gefunden. Vielleicht kommst du dann zum folgenden Resultat: Es gibt keine Lösung.

Auch ich biete dir keine Lösung an, die so klar zu fassen wäre, wie du dir eine Lösung vorstellst. Der Ehrgeiz ist eine Tatsache – schließlich leben wir in einer ehrgeizigen Kultur. Aber der Ehrgeiz führt zu Angst, Ärger, Frustration und Aggression. Du kannst diesen Kreis der psycho-logischen Zusammenhänge nicht durchbrechen. Wer ehrgeizig ist, wird zwangsläufig oft frustriert sein und sich ärgern. Solange du ehrgeizig bist, wirst du die Angst durchleiden und dich unfrei fühlen.

Und doch gibt es einen Ausweg aus diesem Dilemma. Ich möchte dir diesen Ausweg gerne zeigen. Es gibt eine Interessiertheit und eine Freude, ein Engagement und eine Aufmerksamkeit, die nicht ehrgeizig sind – sie kommen aus deinem tiefsten Inneren. Diese Selbsterkenntnis, diese Entfaltung, hat damit zu tun, dass du das unternimmst, was du liebst. Wenn du dich voller Hingabe und Liebe einer Sache widmest, hat das nichts mehr mit Ehrgeiz zu tun. Wenn dann etwas misslingt, dann ist das auch kein dich schwächendes Ärgernis mehr. Es geht also darum, das zu finden, was du liebst, um dich dem in Liebe zu widmen. Leider denken und fühlen die wenigsten Menschen so; sie machen nur das, was ihnen geraten worden ist; sie sind deshalb nicht mit ganzer Seele und vollem Herzen dabei; sie streben zwar nach etwas, aber stehen nicht dahinter, denn wenn es misslingt, sind sie frustriert. Wenn du etwas liebst, dann darf es auch schief gehen; deshalb liebst du es immer noch und wirst keine Mühe scheuen, dich weiter damit zu befassen.

Wenn du etwas liebst, dann zieht es dich an und kostet dich nicht zu viel Kraft, doch wenn du etwas nicht liebst, es dir egal ist, dann brauchst du Ehrgeiz, Einsatz, Energie, Überwindung, Pflicht, Zwang, und dann kannst du nicht einmal das Gelingen einer Leistung wirklich von Herzen genießen.

Eifersucht

In einer Konkurrenz- und Leistungsgesellschaft zu leben, ihre Wertmaßstäbe für sich selbst anzuerkennen und zu übernehmen, das bedeutet zwangsläufig, ehrgeizig zu sein, also nach Macht, Statusgewinn und Erfolg zu streben. Wenn du diese Wertung verinnerlicht hast, dann bist du automatisch eifersüchtig und neidisch. Du siehst also, wie Persönlichkeitseigenschaften oder, anders ausgedrückt, wie emotionale Empfindungen und geistige Strukturen stark miteinander vernetzt sind. Psyche und Geist hängen eng zusammen – und die Vorgänge innerhalb der Psyche auch.

Wenn du ehrgeizig bist – und du bist ehrgeizig; das weißt du selbst; wir haben uns darüber unterhalten –, dann ist damit automatisch das Fühlen von Angst, Neid und Eifersucht verbunden. Das sind alles Empfindungen, die wir nicht mögen und die wir in uns selbst nicht gerne betrachten. Wir versuchen, davor zu fliehen, durch Aktivität und Ablenkung, wollen ehrgeizig bleiben und andere überflügeln, Macht gewinnen, Status erringen, um die Früchte dieses Strebens zu genießen. Aber der Genuss des Erfolgs und der Leistung wird erkauft um den Preis der Angst, des Neides und der Schmerzen der Eifersucht.

Ich möchte dir diese Zusammenhänge aufzeigen, denn du sollst erkennen, dass das eine nicht ohne das andere möglich ist. Darin liegt die Spannung, liegt der Konflikt, ja die Tragödie unseres Menschseins. Wenn du die Zusammenhänge dieser Vernetzung erkennst, dann ist viel gewonnen; es wird dir dann vor allem eines klar: Die verlockende Frucht deiner ehrgeizigen Bemühungen schmeckt nicht nur süß, sondern auch bitter. Du solltest deshalb nicht nur die Süße voller Erwartung und Sehnsucht auskosten, sondern auch die Bitternis, die damit verknüpft ist. Nicht dass der Triumph dadurch geschmälert würde, denn du willst ihn ja voll und ganz auskosten – er sei dir auch gegönnt; aber du solltest wissen und mit einbeziehen, dass damit Angst, Neid und Eifersucht automatisch verbunden sind.

In unserer Gesellschaft, die eine Leistungsgesellschaft ist

– ich muss es immer wieder betonen –, bezahlen wir für dieses Streben jenen Preis in unserer Psyche. Dabei meinen wir, diese Folgekosten des Strebens seien nicht zu hoch. Trotzdem streben wir weiterhin nach Macht, Status und Besitz. Wir gehen stillschweigend davon aus, dass wir mit diesen ‹Folgekosten›, wenn sie denn auf uns zukommen, schon fertig werden. Wir fragen dann den Psychologen oder einen guten Freund: «Wie werde ich nun mit der Angst und mit der Eifersucht fertig?»

Der Neid scheint das geringere Problem zu sein. «Neid ist nicht so schlimm», sagen wir dann. «Alle sind irgendwo neidisch, wenn ein anderer Erfolg hat und weiterkommt.» Auch die Eifersucht spielen wir herunter mit der Bemerkung: «Jeder ist eifersüchtig, und Eifersucht ist normal. Man will das, was man will, besitzen, alleine für sich haben und mit niemandem teilen.» Und weil es normal ist, ist es, so der Folgeschluss, ‹natürlich›. Es ist angeblich natürlich, dass man nach Status und Erfolg strebt, dass man Macht erringen will, neidisch ist auf den Erfolg der anderen, Angst hat zu versagen. Ist das wirklich natürlich? Gesetzmäßig ist es schon, dass Leistungs- und Konkurrenzdenken Angst, Eifersucht, Neid und Aggression erzeugen. Aber ist es auch natürlich? Sind wir aufgrund unserer biologischen Natur so konstruiert, dass es gesetzmäßig so sein muss? Wenn das natürlich ist, dann ist es eine Entschuldigung, denn wir sind dann einfach so; die Natur hat uns so geschaffen, es ist unsere Bestimmung – und dann müssen wir uns eben fügen. Ist das wirklich so? Wir sind ratlos, und weil wir es nicht klar und deutlich wissen, wenden wir uns schnell wieder den Aktivitäten und Ablenkungen zu.

Wir wollen uns aber nun damit intensiv befassen. Du willst es, denn du bist mit den üblichen Erklärungen nicht mehr zufrieden, wie du mir sagtest. Du willst erkennen, wo du stehst und wie die Zusammenhänge sind. Diese Basis, ein Bedürfnis zu entwickeln, das Dahinterliegende zu sehen, ist die Voraussetzung dafür, dass wir weitermachen können. Mit der vordergründigen Erklärung, dass das ‹normal› und ‹natürlich› sei, kommen wir nicht weiter, denn diese Erklärung ist sehr einfach und führt zur Stagnation des Denkens und des Fühlens. Du möchtest die Hintergründe erkennen und verstehen. Und ich wiederhole jetzt deshalb: Angst, Leistungserwartung, Neid, Eifersucht und Ehrgeiz sind psychologisch miteinander verknüpft. Es führt kein Weg daran vorbei, dass du neidisch und eifersüchtig wirst, wenn du nach Besitz und Leistung strebst. Das eine ist nicht ohne das andere möglich. Das sagt nichts gegen Leistung. Es ist herrlich und beglückend, wenn ein Mensch etwas liebt, wenn er sich engagiert für eine Sache, eine Aufgabe. Ich unterstütze das und freue mich für jeden, der sich auf diese Weise engagiert, denn – und das ist jetzt der wichtige Punkt – es zählt dann die Liebe für die Sache. Wenn du dich aus Liebe engagierst, haben Angst, Neid, Eifersucht keinen Raum.

Wenn du etwas aus Liebe unternimmst, hat das mit Ehrgeiz, Leistung und Konkurrenzdenken nichts zu tun. Von dieser Liebe und dieser Zuneigung, von dieser zärtlichen Hingabe aber wissen wir nichts, denn wir sind so konditioniert, dass Ehrgeiz uns etwas geben und ‹bringen› muss. Ist es aber Liebe, wenn es dir ‹etwas bringen› soll? Ist es Liebe, wenn du etwas besitzen willst? Hängt das wirklich essentiell zusammen? Oder ist Liebe etwas ganz anderes? Kann jemand eifersüchtig sein auf das, was er liebt? Oder ist das Geliebte gerade das, was tun und lassen kann, was es will, das, was so sein darf, wie es ist, gerade weil wir es lieben? Würden wir es vielleicht gar nicht mehr lieben können, wenn es nicht so wäre?

Wir müssen uns darüber Gedanken machen und unsere Gefühle erforschen. Es ist wichtig, das zu begreifen, um uns selbst und die anderen zu verstehen. Wir sollten das alles verstehen, um mit diesem Leben zurechtzukommen, um ohne Angst leben zu können, um Neid hinter uns zu lassen und die quälende Eifersucht zu verstehen. Ein glückliches Leben ist nur möglich, wenn wir uns damit befassen, nicht abstrakt oder theoretisch, sondern in uns selbst fühlend und erkennend.

Ärger

Ärger ist nicht nur Stress oder Frustration, Ärger besitzt seine ganz eigene Gefühlsqualität. Der Anlässe für Ärger gibt es viele: Wenn dir etwas misslingt oder wenn du erfährst, dass andere abwertend über dich reden, oder wenn du deinen Standpunkt vermitteln willst, aber laufend absichtlich missverstanden wirst, um dich nervös zu machen.

Jede Art von ungerechter Behandlung führt zu Verärgerung. Du willst dich nicht ärgern, hast dir vorgenommen, innerlich ruhig und gelassen zu bleiben – da sagt beispielsweise jemand in schnippischem Ton: «Ich dachte, das hättest du schon längst erledigt», obwohl du ihm noch gestern ausführlich erklärt hast, warum du aus verständlichen Gründen nicht dazu gekommen bist. Deshalb fühlst du dich jetzt provoziert. Zu deinem Selbstbild gehört aber, dass du dich nicht ärgern lassen willst; also ärgerst du dich über dich selbst, dass du diesem Ideal nicht entsprichst. Deshalb solltest du kein ideales Selbstbild von dir entwerfen, wie du gerne werden, sein möchtest. Jedes Ideal, das du dir im psychischen Bereich schaffst, wird zum Ursprung für Ärger über dich selbst.

Und dann das Ideal: «Du sollst nach außen anderen nicht zeigen, dass du dich ärgerst, denn sich zu ärgern ist Schwäche.» Also versuchen wir, den Ärger hinter einer unberührten Maske zu verbergen. Das ist jedoch sehr energieaufwendig und führt zu einer inneren Spannung. Die meisten denken: Es soll niemand sehen, dass ich mich ärgere, denn sie freuen sich doch nur, wenn sie das beobachten. Dieses Denken aber verstärkt den Ärger noch, wenn wir uns ärgern. Du weißt sicherlich bereits, wie ich diese Thematik sehe und was ich dir jetzt sagen werde. Akzeptiere vor dir selbst, dass du dich ärgerst, bekenne dich dazu, und schäme dich nicht über dich, denn es ist keine Schwäche, sich zu ärgern, es ist völlig in Ordnung – du darfst dich ärgern, wie du auch Ärger fühlen darfst. Versuche dich also nicht selbst zu belügen, indem du bestrebt bist, deinen Ärger herunterzuspielen. Du ärgerst dich, und das ist die Wahrheit, daran ist nichts falsch.

Der zweite Schritt ist dann, im Kontakt mit anderen das zu zeigen, was dich bewegt. Ich weiß, du willst keine Schwäche zeigen, denn es gilt als weit verbreitete Regel, «andere nicht in die eigenen Karten schauen zu lassen», also ihnen keinen Einblick in die eigenen Emotionen zu geben. Ich halte diese Regel für falsch, weil sie dich in Wirklichkeit schwächt und nicht stärkt. Es ist viel mutiger und psychisch gesünder – und damit auch stärkender – zu sagen: «Das hat mich geärgert, du ärgerst mich mit deinen Äußerungen», und die innere Erregung auch deutlich zu zeigen. Deine Stimme darf ruhig lauter werden und bebend sein, und du darfst vor Erregung auch schneller sprechen.

Ärger ist keineswegs etwas Negatives, sondern hat viele positive Seiten; beispielsweise macht er dich wachsamer und aufmerksamer. Wenn du dich ärgerst, kannst du dich nicht ins Bett legen und sofort einschlafen; auch wachst du morgens früher auf und denkst über das ärgerliche Ereignis nach. Ärger aktiviert die Sinne, das Denken, die Tatkraft, mobilisiert Kreativität, damit eine Lösung gefunden wird. Dir fällt dann beispielsweise ein, was du hättest sagen sollen, wie du dich spontan direkt hättest äußern können. Du kennst das: Hinterher hat man meist die guten Einfälle, die in der entsprechenden Situation nicht präsent waren. Und wieder hat man einen Grund, sich über sich selbst zu ärgern, weil man so schwerfällig, ja geradezu dumm war, weil man nicht direkt so oder so reagierte.

Wenn du deinen Ärger unterdrückst, dann bist du so sehr mit der Unterdrückung beschäftigt, dass dadurch dein spontanes Reagieren behindert wird, denn deine Denkfähigkeit wird dadurch blockiert. Deshalb solltest du dich mit Unterdrückung des aufkommenden Ärgers nicht selbst behindern. Wir haben auch Angst davor, unseren Ärger zu zeigen, weil wir befürchten, dass der andere dann wütend auf uns wird, uns das übel nimmt und wir Nachteile dadurch bekommen. Wir fürchten uns davor, dass die Situation eskaliert und der andere aggressiv wird. Seine Aggression macht uns möglicherweise dann auch aggressiv, wodurch alles nur noch schlimmer wird.

Diese Ängste sind durchaus berechtigt, denn wenn wir unseren Ärger zeigen, spürt der andere, dass er uns nicht so einfach manipulieren kann, wie er dachte; das durchkreuzt sein Vorhaben, und er wird nun aggressiv, um seiner Absicht Nachdruck zu verschaffen. Es ist jedoch sehr nützlich zu beobachten, wie die anderen in dieser Situation reagieren: Du erfährst mehr über sie, reißt ihnen unter Umständen die Maske der Beherrschung vom Gesicht und siehst deutlicher, was sich dahinter verbirgt. Das Gespräch kann eskalieren, und du kannst die Aggression auftauchen sehen: Plötzlich bricht hervor, was lange, manchmal jahrelang unter einer Fassade der Spannung verborgen war – in der Aggression des anderen kann plötzlich aufgestauter Hass sichtbar werden. Das erschreckt uns, denn wir wollen das eigentlich gar nicht sehen. Ich halte es aber für positiv, sich dem zu stellen, denn du erfährst mehr von den Gefühlen und Meinungen des anderen und erspürst, woran du bist.

Innerhalb einer Ehe geht oft im Alltag alles seinen scheinbar normalen Gang: Jeder erfüllt seine Aufgaben, und ihr scheint ein ‹gut eingespieltes Team› zu sein. Der Ärger über den anderen wurde immer unterdrückt, und es wurde versucht, eine Art Harmonie aufrechtzuerhalten. An welch seidenem Faden sie hängt, wird deutlich, wenn einer einmal seinen Ärger zeigt. Das kann wie ein Dammbruch wirken, der die unterdrückten Gefühle der Enttäuschung, der Frustration, der Kritik zum Ausdruck bringt. Davor haben wir Angst. Das ist natürlich verständlich, aber reicht dieses Verstehen aus? Können wir es aufgrund von Verständnis gutheißen? Ärger sollte immer sofort offenbart werden, denn ein solches ‹Gewitter› reinigt die Luft für ein besseres Kommunizieren, kann aber auch dazu führen, die Gräben erst so richtig sichtbar werden und ein Zusammenfinden unmöglich erscheinen zu lassen. Das ist vor allem der Fall, wenn über lange Zeit Ärger verdrängt und innerlich aufgestaut wurde.

Deshalb ärgere dich sofort deutlich und intensiv, nutze dadurch die gesteigerte Wachheit für das Problem beziehungsweise den Konflikt. Probleme müssen immer sofort angegangen werden – schiebe sie also nicht vor dir her. Bereite dir keine schlaflosen Nächte über längere Zeit. Schlaflose Nächte ruinieren auf die Dauer deine Vitalität, zermürben dich, machen dich angespannter, ängstlicher und unsicher. Es ist sehr viel neue Energie erforderlich, mit diesen Energiefressern zurechtzukommen, eine Fassade der scheinbaren Dickfelligkeit aufzubauen. Der Preis der Schlaflosigkeit und anderen psychosomatischen Beschwerden ist zu hoch. Leider wissen wir zu wenig über die Höhe des Preises, weil wir nicht nur versuchen, den Ärger herunterzuspielen, sondern noch vieles andere, was mit der Psyche zu tun hat.

Der Angriff auf unsere somatische Gesundheit ist der höchste Preis überhaupt. Nicht frei, offen, wahrhaftig, liebevoll, emotional, verletzlich und sensitiv leben zu können, das ist auf Dauer qualvoll. Der Aufwand, Ärger direkt zu fühlen und ihn zu zeigen, ist dagegen lächerlich gering. Wir dürfen uns ärgern; es geht im Leben nicht ohne Ärger; er gehört dazu. Wir sollten ihn annehmen und ihn geradezu auskosten, damit er bewusst eingesetzt wird und dadurch keinen weiteren Schaden mehr anrichten kann. Ärger ist Körperverletzung. Wenn dich jemand körperlich angreift, musst du sofort reagieren; du sollst dir dann nicht in Ruhe überlegen, was da zu tun sein könnte. Wenn dich jemand ärgert, also psychisch verletzt, dann steht dir das Recht zu, dich auf der Stelle dagegen zu wehren.

Bewusstsein des Alleinseins

Die meisten versuchen es zu vermeiden, mit sich selbst, dem eigenen Inneren, in intensiven Kontakt zu kommen, denn es wird ihnen dann bewusst: Ich bin alleine. Vor diesem Empfinden des ‹Alleinseins› haben viele geradezu panische Angst. Wir müssen unterscheiden zwischen allein, einsam und isoliert, denn darin besteht jeweils ein Unterschied. Sich einsam zu fühlen bedeutet, dass wir gerne zu anderen Kontakt hätten, da wir ihn, aus welchen Gründen auch immer, derzeit vermissen. Der Wunsch, Kontakte zu haben und mit anderen zu kommunizieren, aber diesen Wunsch nicht realisieren zu können, lässt das Gefühl von Einsamkeit entstehen. Wir wollen nicht einsam sein, sondern durch Kontakte ein Gefühl der Geborgenheit in der Gemeinschaft finden.

Das Gefühl der Isolation unterscheidet sich von der Einsamkeit dadurch, dass wir zwar möglicherweise Kontakte aufnehmen können und auch aufgenommen haben, aber uns nicht verstanden und angenommen fühlen. Wir kommunizieren zwar, aber es wird uns bewusst, dass wir anders denken, andere Anschauungen haben, andere Wertmaßstäbe zugrunde legen als unsere Gesprächspartner. Wir leben also inmitten einer Gemeinschaft, gehen einem Beruf nach, haben ausreichend soziale Kontakte – und fühlen uns dennoch isoliert. Ein weiteres Beispiel: Ein Künstler geht andere, eigenständige gestalterische und ästhetische Wege und findet dadurch keine Anerkennung, sondern stößt auf Gleichgültigkeit oder Ablehnung; er fühlt sich dann in seiner kreativen Arbeit isoliert, also nicht in den aktuellen Kunstbetrieb integriert.

Völlig unterschiedlich von der Einsamkeit oder der Isolation ist das Alleinsein eine Grundtatsache, an der wir nicht vorbeikommen. Bei der Geburt bist du allein, in der Pubertät wird dir dieses Alleinsein besonders bewusst, in Krankheitsphasen, und schließlich bist du beim Sterben allein. Es mögen sich zwar einige Menschen an deinem Sterbebett einfinden und dir Trost zusprechen (was immer sie auch unter Trost verstehen) und dir die Hand halten, doch sie werden sich wieder verabschieden. Dieses Alleinsein ist eine Grundtatsache deiner Existenz.

Wir müssen uns mit diesem Alleinsein anfreunden. Selbst in einer Zweierbeziehung, selbst dann, wenn ihr euch liebt, bist und bleibst du allein. Es ist neben der Sexualität (körperlicher Kontakt), jener biologischen Programmierung, die Faszination an der Liebe, es ist vor allem der seelische Kontakt, der uns glauben macht, in diesem Augenblick das Alleinsein überwunden zu haben.

Die körperliche Vereinigung führt zum Orgasmus, der uns das Gefühl gibt, in der sexuellen Vereinigung für kurze Zeit miteinander zu verschmelzen. Jene körperliche und seelische Anziehung ist einerseits etwas sehr Beglückendes, aber wir stellen auch fest, dass es sich nur um eine Annäherung handelt und wir letztendlich alleine zurückbleiben. Wenn die Anziehung nicht nur körperlich war, sondern auch seelisch, dann besteht über die körperliche Vereinigung hinaus Zuneigung. Dieses Wort bringt den seelischen Vorgang sehr treffend zum Ausdruck: Zu-neigung bedeutet, man neigt sich dem anderen zärtlich zu, man ist ihm zugeneigt, mit anderen Worten wohlgesinnt. Zuneigung und Wohlgesinntheit bringen deutlich zum Ausdruck, dass der andere allein bleibt: Der Partner neigt sich ihm in Wohlgesinntheit lediglich zu. Das alles heißt: Jeder ist allein, und jeder kann sich dem anderen nur zuwenden in Zuneigung.

Deshalb hat der Begriff Liebe für uns eine so große Bedeutung, denn wir verstehen unter Liebe mehr als nur Zuneigung und mehr als nur körperliche und psychische Zärtlichkeit. Was bedeutet Zärtlichkeit? Wir gehen zart und einfühlsam miteinander um und nicht grob und aggressiv. Das alles hebt unser Alleinsein aber nicht wirklich auf. Unter Liebe verstehen wir mehr als ‹nur Zärtlichkeit, Zuwendung und Zuneigung›. Liebe soll uns miteinander verbinden, sodass wir zwar zwei Personen sind, aber doch wie eine Person in Gemeinsamkeit denken, fühlen und handeln. Diese Vorstellung von Liebe ist das Ideal, das wir erwarten, erhoffen und erstreben. Es ist damit die Sehnsucht verknüpft, das Alleinsein dadurch zu beenden. Alleinsein lässt sich aber niemals beenden, weder durch das Ideal noch durch Sexualität.

Wir sehnen uns nach Liebe und können nicht verbalisieren, was wir damit konkret meinen. Wir hoffen, etwas zu bekommen, was wir allerdings nicht erhalten können. Deshalb ist es so wichtig, dass wir uns damit befassen, damit wir über das Hoffen und Sehnen hinausgelangen und beginnen, die Wirklichkeit zu sehen.

Wir müssen uns unserem Alleinsein stellen, uns damit vertraut machen – und es akzeptieren. Erst danach können wir uns über die Liebe erneut Gedanken machen. Die Liebe wird niemals das Alleinsein aufheben, es auch nicht überwinden helfen. Das Wesen der Liebe wird erst erfasst, wenn wir uns mit dem Alleinsein völlig vertraut gemacht haben, denn die Liebe agiert aus dem Alleinsein und wendet sich einem anderen Alleinsein zu. Die Liebe wird erst hieraus richtig verstanden. Gerade weil ich allein bin, subjektiv und eigenständig, erfasse ich die Subjektivität des anderen voll und ganz. Es geht also nicht um ein Werden, nicht um einen Anpassungsprozess, meine Liebe belässt die Andersartigkeit voller Respekt und Achtung. Gerade das ist das Wesen der Liebe.

Und noch etwas: Es ist unreif und hat nichts mit Liebe zu tun, den anderen erziehen zu wollen. Diese Absicht ist der Liebe wesensmäßig völlig fremd. Die Liebe will also nicht das

Alleinsein aufheben, sondern sie genießt das Alleinsein: Du bist so, und ich bin ganz anders; ich darf so sein, wie ich bin, und du sollst das auch. Ich freue mich, dass du mich so nimmst, wie ich bin in meiner Andersartigkeit; du freust dich, dass ich dich genauso lasse, wie du bist, und voller Achtung und Freude darauf reagiere.

Alleinsein und Subjektivität müssen geachtet werden. Das ist die Basis, auf der Kommunikation liebend werden kann. Deshalb ist es von großer Bedeutung, dass du dein Alleinsein in dir selbst annimmst, damit du mit dir selbst versöhnt leben kannst und bereit wirst dafür, dich in deiner Art, in deiner Subjektivität in ehrlicher, offener und wahrhaftiger Weise auszudrücken. Wenn sich zwei Menschen lieben, dann trauen sie sich, einander das anzuvertrauen, was sie ‹tief innerlich› wirklich fühlen und denken. Auf einmal gibt es hinter der Maske ein ‹tief innerlich›. Es macht uns überaus glücklich, wenn wir vor einem anderen unsere tiefsten Empfindungen offenbaren können. Das zeigt, in welch kranken sozialen Kontakten wir uns bewegen, denn es sollte das Selbstverständlichste und Natürlichste sein, dass wir mit anderen darüber kommunizieren, uns in unserem Alleinsein ehrlich und wahrhaftig offenbaren können. Weil das aber in dieser korrupten und kranken Fassadengesellschaft nicht möglich ist, können wir das nur noch in der Zweierbeziehung zu finden versuchen. Damit wird diese Zweierbeziehung meist überfordert, nicht die Liebe.

Wenn wir also einmal die Fassade ablegen und unser Innerstes offenbaren, dann ist das ein für uns so gewaltiger Vorgang, dass wir übersteigert in unseren Beziehungserwartungen reagieren.

Du bleibst allein, und dieses Alleinsein ist völlig in Ordnung, ist natürlich und gesund – und du bleibst allein, ohne isoliert, ohne einsam zu sein. Wir haben panische Angst vor Isolation und Einsamkeit. Diese Panik überdeckt das wunderbare Faktum des Alleinseins. Es ist ein köstlicher Genuss, allein zu sein – und aus dieser Glückseligkeit der Subjektivität voller Liebe und Aufmerksamkeit die andere Subjektivität (gerade weil sie allein ist) zu genießen. Ich würde mich freuen, wenn du erkennen könntest: Erst beim Übertreten dieser Schwelle beginnt die Liebe.

Selbsterfahrung des Alleinseins

Selbsterfahrung geschieht entweder über den Kontakt zu anderen oder durch das Alleinsein, wobei Ersteres verschiedene Möglichkeiten zulässt. So wurde etwa innerhalb der Psychotherapie die Gruppentherapie entwickelt, die sich in verschiedene Richtungen aufspaltet und unter anderem durch das Gespräch über die eigenen Gefühle (Sensitivity-Training), das Ausagieren von Gefühlen in der Gruppe (Encounter-Group) und das spielerische Darstellen (Psychodrama) gekennzeichnet ist. Unter Selbsterfahrung verstehen wir im Alltag auch das mutige Sicheinlassen auf neue und ängstigende Situationen, um durch das konkrete Durchleben zu lernen und die eigene Widerstandskraft zu fördern. Viele verstehen unter Selbsterfahrung auch, über die eigenen Konflikte mit einem guten Bekannten oder einem Freund zu reden, seine Meinung zu hören und mit ihm darüber zu diskutieren. Die meisten suchen die Geselligkeit, und es besitzt für sie etwas Tröstliches, wenn andere sie anhören und zum Ausdruck bringen, dass sie das

Problem oder den Konflikt kennen, und Ratschläge erteilen, sich so oder so zu verhalten.

Für viel wertvoller aber halte ich, wie du weißt, die Selbsterfahrung durch Selbstbetrachtung – und dafür ist Alleinsein erforderlich. Dieses Alleinsein heißt nicht, sich in die eigenen vier Wände zurückzuziehen, stillzusitzen und vor sich hin zu grübeln. Du kannst auch einen Waldspaziergang machen, dir die Pflanzen ansehen und dem Flug der Vögel nachschauen. Wichtig ist jedoch, dass du alleine bist. So fühlst du keine Verpflichtung, mit jemandem zu reden, Erzählungen und Ausführungen zuzuhören, lenkt dich so etwas doch nur von der Selbstbetrachtung ab. Du kannst dich auch vor einen Tisch setzen und deine Gedanken und Gefühle aufschreiben. Das allerdings liegt den meisten nicht, da für sie das Aufschreiben eine Blockierung darstellt. Wer dagegen gerne zeichnet oder malt, kann die derzeitigen Empfindungen auch mit Farben und Formen ausdrücken, und wer ein Instrument beherrscht, kann sich dem kreativen Vorgang des Musizierens überlassen. Es ist gut, neben den Eindrücken, die wir täglich empfangen, diese Eindrücke durch jede Art von Ausdruck aus unserer Seele wieder herausfließen zu lassen. Wir sollten nicht nur innerlich anhäufen und aufstauen, sondern uns durch Ausdruck davon wieder entlasten. Es reicht aber auch, wenn du dein Innerstes, die Gedanken und Gefühle einfach nur betrachtest. Dazu ist Alleinsein erforderlich, denn du willst dich ja nicht vor anderen produzieren. Diese Selbstbetrachtung ist notwendig, um uns selbst kennen zu lernen, um unseren Standort festzustellen.

Ich weiß, wir leben in einer hektischen, extravertierten, also auf Aktion und Handlung hin orientierten Gesellschaft. Kontemplation gilt nicht als tüchtig, sondern als ‹Verträumtheit›. Das aber ist falsch.

Wenn ich in meiner Praxis auf die Kontemplation hinweise, höre ich sehr oft: «Dafür habe ich einfach keine Zeit.» Ich halte das für eine Ausrede. Für andere Bedürfnisse, zum Beispiel Essen und Geselligkeit, nehmen wir uns die Zeit. Manche sitzen stundenlang in Gemeinschaft bei einem Essen zusammen und haben nicht das Gefühl, ihnen ginge wertvolle Zeit verloren. «Essen, also die Befriedigung der Nahrungsaufnahme, ist ein Grundbedürfnis», höre ich oft als Argument. Die Integration in geselliges Beisammensein vermittelt Ablenkung und auch ein Gefühl von Sicherheit. In der Gemeinschaft fühlen wir uns sicher, obwohl wir uns vielleicht über das Verhalten eines anderen ärgern. Im Alleinsein und der Selbstbetrachtung, der Kontemplation, fühlen wir uns dagegen unsicher, ja, es entsteht bei vielen sogar Angst – da beruhigt doch das gesellige Beisammensein, ängstigt es uns doch nicht. Wir sollten uns dennoch der Selbstbetrachtung und des Lauschens und Schauens nach innen hingeben und diese anfängliche Angst durchleben, denn sie verflüchtigt sich, je länger wir unser Innerstes betrachten.

Anfänglich teilen wir unsere Gefühle noch ein in angenehme und unangenehme und die Gedanken in positive und negative. Mit diesen Wertungen sind wir unsere eigenen Kritiker. Wir werden also nicht nur von anderen kritisiert, sondern auch von uns selbst. Wer ist das, der Kritik in uns übt? Dem müssen wir nachgehen. Woher kommen die Gedanken? Du kannst auch diese Gedanken einfach nur betrachten – sie beobachten, wie du das Ziehen der Wolken oder den Flug der Vögel beobachtest –, ohne sie auf- oder abzuwerten. Du lernst deine Kritiker in dir einfach nur kennen, ebenso wie deine Gefühle, die in dir diese kritischen Gedanken auslösen. So gehst du deinen Gedanken nach und verfolgst sie bis zu ihrem Ursprung, so wie du einem Bach bis zur Quelle stromaufwärts folgen kannst. Dazu ist Alleinsein notwendig; das leuchtet doch ein.

Du begibst dich außerhalb der Gesellschaft und lauschst auf deine ureigensten Empfindungen. Gefühle und Gedanken vermischen sich am Anfang noch, denn Gedanken lösen Gefühle aus, und Gefühle rufen Gedanken herbei. Du lernst durch diese Beobachtung beides voneinander zu unterscheiden. Du gehst zum Ursprung eines Gefühls und zur Quelle eines Gedankens; das ist Kontemplation des eigenen Inneren. Dafür ist keine Anstrengung erforderlich; du musst dich nicht konzentrieren, denn es handelt sich nicht um eine Aufgabe, die in einer bestimmten Zeit als Leistung erledigt werden soll. Diese Kontemplation ist also nicht anstrengend, sondern erfrischend. Dabei wird keine Energie verbraucht, im Gegenteil: Durch diese Aktivität wird Energie erzeugt. Dadurch dass du dich selbst betrachtest, Anteil an deinem Inneren nimmst, aufmerksam mit dir umgehst, gibst du dir selbst Anteilnahme und Liebe. Du wirst von Gebundenheiten freier, und jedes Freierwerden lässt deine Energie besser fließen. Je mehr Freiheit du in dir gewinnst – denn Selbstbetrachtung ist ein Vorgang der Selbstbefreiung –, desto näher kommst du einer ganz besonderen Form des Glücks. Es handelt sich um ein Glücksempfinden, das nicht gekoppelt ist an die Erfüllung einer Leistung, an ein Lob von anderen, auch nicht an materiellen Gewinn. Es ist das Glück, das aus dem Dasein erwächst, ein Glück der gefühlten Lebensenergie. Deshalb vitalisiert dich das, und Vitalisierung dieser Art ist die höchste Form von Glück überhaupt. Davon wird im Alltag nicht gesprochen; niemand erzählt hierüber; es scheint unbekannt und auch nicht zeitgemäß zu sein. Und dennoch hast du das Wichtigste im Leben versäumt, wenn du es nicht erkennst und daran achtlos vorbeigehst.

In Kontakt mit sich selbst

Die Stärkung deines Ich geschieht, wenn du dich dir selbst annäherst. Ich sehe meine Aufgabe darin, dir den Mut dafür durch meine Briefe zu vermitteln. Außerdem versuche ich, dich darauf hinzuweisen, dass es notwendig ist, mit dir selbst in Kontakt zu kommen, denn das ist für die meisten Menschen nichts Selbstverständliches; nach meiner Erfahrung ist es leider die Ausnahme und nicht die Regel. Unter Kontakt und Kontaktfähigkeit verstehen wir fast ausschließlich die Kommunikation mit anderen. Wir starren wie gebannt immer auf andere Personen und auf das, was uns umgibt, die Außenwelt; mit ihr versuchen wir in Kontakt zu treten und zu kommunizieren. Es scheint für uns so zu sein, als ginge es in unserem Leben vor allem darum, den Kontakt mit der Außenwelt zu suchen. Wir sind so sehr nach außen hin orientiert, dass wir übersehen, dass wir auch eine Innenwelt besitzen. Es gibt aber auch einen Kontakt mit dir selbst, der nach innen, der auf deine Innenwelt gerichtet ist. Eine solche Erläuterung – das zeigen meine täglichen Gespräche in der Praxis – trifft auf Erstaunen und erzeugt Irritation. Mit sich selbst Kontakt haben, das erscheint den meisten etwas merkwürdig und überraschend.

Wir wissen, dass wir Kontakt zur Außenwelt haben; das ist verständlich. Aber es ist uns nicht bewusst, dass wir auch Kontakt mit unserer Innenwelt haben müssen. Wir denken immer, das Ich wäre eine Einheit: Das Ich sucht den Kontakt mit anderen Ichs. Kann dieses Ich Kontakt mit sich selbst aufnehmen? Mit wem nimmt dieses Ich, mein Ich, dann Kontakt auf? Das klingt für viele überraschend und paradox, als wäre das nicht möglich, als wäre das ein Widerspruch in sich selbst. Diese Irritation zeigt, dass wir noch nicht wirklich begriffen haben, wer wir sind und wo wir als Selbst stehen.

Wir nähern uns jetzt einem sehr wichtigen Thema, das volle Aufmerksamkeit erfordert. Ich möchte erreichen, dass es dir gelingt, dich selbst als Ich zu sehen, ein Selbst, das sich als Einzelwesen begreift, das mit anderen Individuen kommunziert, aber auch mit sich selbst.

Es geht dabei nicht um Selbstgespräche – du sollst also nicht laut mit dir selbst reden. Davor hättest du große Angst, denn du würdest dann von anderen als merkwürdiger Sonderling, als ‹komischer Kauz› eingestuft. Die Angst davor ist jedenfalls sehr groß. (Das ist ein anderes interessantes Thema, doch wollen wir uns jetzt nicht darin verlieren.) Mit anderen Menschen in Kontakt treten – damit kommst du klar, und das hast du praktiziert; es geschieht täglich und ist etwas Selbstverständliches. Du hast ein Ichbewusstsein gebildet, ein Selbstbild aufgebaut; wir haben darüber gesprochen. Nun weise ich dich darauf hin, dass du mit dir selbst in Kontakt treten kannst.

Ein Stein ist ein Stück Materie; er kann nicht mit sich selbst kommunizieren. Du aber bist vielschichtiger; deine Einheit setzt sich zusammen aus Körper, Geist und Seele. Dein Körper spricht seine eigene Sprache; er sagt dir etwas über seine Bedürfnisse, wenn er beispielsweise Nahrung braucht, Bewegung oder Schlaf. Auch dein Geist spricht seine eigene Sprache; er meldet sich, wenn er angeregt oder gefordert sein will – und er konstruiert Muster und Strukturen eigener Art. Und deine Seele spricht auch zu dir; sie vermittelt dir Gefühle wie Angst oder freudige Erwartung.

In dir sprechen also verschiedene Instanzen ihre jeweils eigene Sprache, und du nimmst diese Botschaften zur Kenntnis. Wer nimmt das zur Kenntnis? Wer ist das, der vom Geist eine Meinung hört, wer von den Emotionen eine Vermittlung erhält, wer vom Körper beispielsweise signalisiert bekommt, sexuelle Bedürfnisse befriedigen zu wollen? Du bist also weder alleine Körper noch alleine Geist und Ratio, noch alleine nur Gefühl. Es existiert eine Instanz, die in diesen Kommunikationen als Zentrum steht; das Zentrum erhält Informationen vom Körper, von der Seele und dem Intellekt. Dieses Zentrum ist dein Selbst. Es lässt sich nicht konkret materialistisch deutlich und klar fixieren, ist nicht physikalisch oder technisch beschreibbar, es ist naturwissenschaftlich nicht konkretisierbar. Dieses Selbst, dieses Zentrum, tritt nun seinerzeit in Kontakt zum Körper, zur Seele und zum Geist und natürlich auch zur Außenwelt. Es ist von großer Bedeutung für deinen Lebensweg, dich damit zu befassen.

Du selbst bist etwas, das es zu erfassen gilt. Kein anderer kann dir darüber etwas sagen oder dir das vermitteln. Du selbst bist gefordert, das zu erkennen und zu erfahren. Wir betreiben keine Philosophie, auch keine Psychoanalyse; es handelt sich nicht um etwas Theoretisches, sondern um etwas ganz Konkretes. Wir philosophieren nicht über das Thema des Selbst, denn es geht um dein Selbst. Dieses Zentrum ist eine Realität, und es tritt in Kontakt nach innen und nach außen. Wir sind voller Enthusiasmus und Energie nach außen gerichtet; das ist normal und erscheint nicht schwierig. Ich weise dich jetzt aber darauf hin, dass du nach innen Kontakt aufnehmen sollst. Ein Zentrum im Selbst – oder ein Ich, wie du es auch nennen magst – kommuniziert mit seinem Inneren. Extraversion ist uns vertraut, aber mit der Introversion haben wir Probleme. Das ist aber Selbsterfahrung: Du nimmst Kontakt mit dir auf, mit deinem Körper, der als Materie sterblich ist, und mit deiner

Seele, die an den Körper gebunden ist, aber über das Materielle hinausgeht.

Sex beispielsweise ist an den Körper gebunden, aber Liebe geht über ihn hinaus. Sex erscheint uns elementar und nicht kompliziert, aber sobald Liebe dazukommt, erscheint es uns viel schwieriger. Du bist es, der mit diesen Dingen in Kontakt kommt, du erlebst Sex und Liebe, und dein Geist oder dein Intellekt gibt dazu seine Stellungnahme ab. Nach außen zu kommunizieren ist beispielsweise Sex, nach innen zu kommunizieren führt zur Liebe. Nach außen hin reagierst du vielleicht aggressiv, nach innen wandelt es sich in Liebe. Du stehst unabhängig von diesen Vorgängen. Es existiert ein Selbst, das nach außen und nach innen kommuniziert. Damit müssen wir uns befassen, wenn du willst. Vielleicht interessiert dich das aber gar nicht? Dann müssen wir das Gespräch beenden, bis es dich interessiert, denn nur dann hätte das weitere Gespräch einen Sinn. «Man kann den Hund nicht zum Jagen tragen», sagt ein altes Sprichwort.

Selbst- und Fremdmanipulation

Mit sich selbst in Kontakt stehen heißt, zuzuhören, was dein eigenes Denken dir erzählt, schauend zu betrachten, was deine Gefühle ‹sagen› (wie sie sich anfühlen), um die Bedürfnisse und das Befinden deines Körpers zu erfassen. Es geht darum, dass du dir die Zeit nimmst – nenne es auch Muße –, dich selbst anzuhören. Diese Muße ist kein Müßiggang, dieses Innehalten ist keine Passivität. Da die meisten Aktivität für das Erstrebens-

werte halten, verwechseln sie dieses Innehalten mit einer Inaktivität im Sinne von ‹Stillstand gleich Rückschritt›.

Ich möchte dir bewusst machen, dass dieses Innehalten damit überhaupt nichts zu tun hat. Unter Schauen und Lauschen
verstehe ich kein passives Müßiggängertum. Für dieses Innehalten, für dieses Zur-Besinnung-Kommen ist im Gegenteil
sehr viel Aufmerksamkeit (also Aktivität) erforderlich. Diese
Aufmerksamkeitsaktivität richtet sich nur nicht nach außen,
sondern eben nach innen. Das ist der einzige Unterschied.

Wenn du den Flug eines Vogels beobachtest, wie er seine
Flügel ausbreitet und sich vom Wind tragen lässt, und jede
seiner Bewegungen in dich aufnimmst, ist diese Betrachtung
keine Passivität, denn sie erfordert deine volle sensitive Wachsamkeit. Diese Aufmerksamkeit ist keine Konzentration, zu
der du dich zwingen musst, sondern sie geschieht als besondere Form von Aktivität und hat nichts mit Passivität (oder gar
Faulheit) zu tun.

Wenn du dich selbst mit wachen Sinnen, wachem Geist
und bewusster Aufmerksamkeit so betrachtest – ich weiß,
dieser Vorgang ist dir noch fremd –, dann handelt es sich um
eine besondere Aktivität. Sinn und Zweck dieser Betrachtung
bestehen nicht in Selbsterziehung. Es geht nicht darum, sich
selbst zu manipulieren. Selbstbetrachtung hat nur den Zweck,
wahrzunehmen, ohne einen Einfluss auf das Wahrgenomme-
ne nehmen zu wollen. Wenn du eine gelbe Rose wahrnimmst,
willst du sie in ihrer Schönheit und Besonderheit erfassen,
willst sie nicht etwa rot umfärben. Wir meinen, wir müssten
immer etwas tun, damit es einen Sinn ergäbe, müssten uns
nur selbst betrachten, um durch die Bewertung in richtig oder
falsch, in gut oder schlecht daraus die Berechtigung für eine
Handlung zu ziehen, um dann etwas zu ändern. Und wenn es

nichts zu ändern gibt, dann wollen wir uns zumindest vornehmen, etwas zu tun.

Ich meine eine Selbstbetrachtung, die nichts bewertet und nichts machen möchte und die dennoch keine Inaktivität ist. Lass deinen Geist seine Gedanken entfalten. Du wirst dann feststellen, wie aktiv das Denken ist; es fügt einen Gedanken an den anderen; lass es einfach geschehen, wie es geschieht, und betrachte das, ohne einzugreifen. Sei nicht beunruhigt, wenn die Gedanken nicht mehr logisch zu sein scheinen, sondern ein Eigenleben entwickeln. ‹Es denkt in dir› – und du schaust zu. Gedanken rufen Gefühle in dir hervor; du betrachtest sie, und es fühlt in dir. Auf diese Weise kommst du in Kontakt zu all dem, was in dir geschieht. Du wirst überrascht sein, welche Gedanken in dir sind, wie sie sich entfalten und wieder sprunghaft zu etwas anderem übergehen, weil die wachgerufenen Gefühle neue Gedanken anregen und diese wieder neue Gefühle erzeugen. Du erkennst, wie das Denken und das Fühlen miteinander verbunden sind. Gefühle erzeugen assoziativ Gedanken, und diese erzeugen Emotionen. So lernst du kennen, was in dir vorgeht, was dich beschäftigt und bewegt. Wichtig ist dabei, dass du nur aufmerksam beobachtest. In der Umgangssprache heißt es, «den eigenen Gedanken nachhängen», doch «den eigenen Gefühlen nachfühlen» ist dagegen nicht gebräuchlich. Das zeigt: Wir messen den Gedanken mehr Bedeutung zu als den Gefühlen.

Je häufiger du so in dich hineinlauschst, desto mehr wirst du feststellen, dass die Gefühle eine bestimmte Rolle spielen, und dann beginnst du Gedanken von Gefühlen zu unterscheiden. Das ist für deine Selbsterkenntnis wichtig; nicht weil das Rationale an erster Stelle stünde und das Emotionale unwichtig wäre. Du wirst einen Bezug dazu gewinnen und die

Erfahrung machen, dass das Rationale einer anderen Dimension angehört als das Emotionale. Beides ist in dir und macht deine Ganzheit aus. Du unterscheidest die Gedanken von den Gefühlen und nimmst auf beides keinen Einfluss. Erst durch diese Betrachtung wirst du in dir selbst erkennen, was Produkte des Denkens sind und wie sie in Beziehung zu deinen Gefühlen stehen, also was das Seelische in dir ist und welchen Stellenwert es hat.

Ich weiß, du fragst jetzt: Was bringt mir das, was habe ich davon? Wenn wir nach dem Zweck fragen, dann steht eine Absicht dahinter, dann soll es dem eigenen Erfolg dienen, dem Weiterkommen, der Selbsterziehung, der Problemlösung und der Konfliktbewältigung. Selbstbetrachtung ist aber keine Rechenaufgabe, bei der unter dem Strich eine richtige Lösung herauskommt. Der Sinn der Selbstbetrachtung liegt in der Beobachtung selbst. Du sollst dich nicht manipulieren und auch keine andere Person. Es geht nicht um eine Problemlösung. Dabei kann dir die Befreiung von diesem Zweckdenken bewusst werden: Du löst dich von der Selbstmanipulation und siehst die Fremdmanipulation mit anderen Augen. Gut, dann liegt auch darin ein Zweck. Und der Nutzen? Was nützt dir das und anderen? Beantworte dir diese Frage erst, wenn du dich so betrachtet hast, also danach und nicht vorher; dann liegt die Antwort auf der Hand. Wenn du die Antwort klar selbst vor Augen hast, bist du diesen Schritt gegangen, zu dem ich dich auffordere.

Nicht wenige treten gegenüber anderen so auf, als wäre ihnen vieles klar und bewusst. Das gehört zu dem nach außen
hin dokumentierten Selbstbewusstsein. Jeder möchte dokumentieren, dass er weiß, was er will, und dass die ‹Dinge des
Lebens› für ihn ganz einfach zu beurteilen sind. Sie vertreten
eine klare Meinung zu allem und jedem, wie dieses ist und
jenes, warum es so ist und nicht anders. Wir haben uns selbst
eine klare Linie geschaffen und in die Bedeutungen von Geist,
Emotionen und Körper strukturiert. Wir geben Stellungnahmen ab zu unserem Beruf, zu unserer Ehe, zur Liebe, zum
Mann- und Frausein, zur Religion, zur Politik und zum sozialen Zusammenleben. Wir haben ein Bedürfnis nach solchen
klaren Strukturierungen und meinen, dadurch entstünde eine
Ordnung, durch die wir präzise wissen, was wir wollen und
wer die anderen sind.

Mit Hilfe dieser Strukturierungen versuchen wir, Sicherheit
zu gewinnen und der Angst vor Unsicherheit auszuweichen.
Wir haben viele Meinungen über die Dinge des Lebens, über
ihre Bedeutung und ihren Sinn von anderen übernommen. Wir
orientieren uns daran, wie andere über diese Dinge denken,
was der Vater oder die Mutter dazu sagten, was ein Lehrer dazu
meinte, ein Geistlicher, ein Politiker, irgendein Fachmann. Wir
übernehmen vieles von diesen vermeintlichen Autoritäten.
Auch wenn wir die Meinung einer Autorität ablehnen und das
genaue Gegenteil für richtig halten, so sind wir immer noch
orientiert an einer von außen vermittelten Meinung; deshalb
steht die Gegenmeinung in Abhängigkeit davon. Wenn du
meinst, du hättest dir eine ‹eigene Meinung› gebildet, so ist das

meist ein Trugschluss, steht sie doch wohl in Verbindung zu diesen Vermittlern.

Du kannst mit dieser Strukturierung des Denkens über das Leben und Menschsein deinen Weg gehen und erfolgreich sein. In der sozialen Gemeinschaft bist du als ordentliches Mitglied eingefügt und anerkannt. Soweit scheint alles in bester Ordnung zu sein. Doch dann stellt dich das Leben vor Probleme, die du nicht mehr auf diese Weise strukturieren kannst. Es wird dir zum Beispiel plötzlich bewusst, dass du deine Frau nicht mehr liebst, und du fragst dich, warum. Oder du lebst mit einer Frau in einer geordneten Beziehung zusammen, bist fleißig, korrekt und ehrgeizig, meinst, du machest alles richtig, und sie eröffnet dir, dass sie dich nicht mehr liebt und seit einem halben Jahr einen Geliebten hat. Oder du strengst dich in deinem Beruf an, machst Karriere und wirst anerkannt und gelobt, aber in dir entsteht ein Gefühl von Leere und Desinteresse: Du musst dich von Tag zu Tag mehr zwingen, deine Aufgaben zu erfüllen, möchtest am liebsten etwas ganz anderes machen, etwas Neues, aber du weißt nicht, was. Oder du besuchst deinen Freund im Krankenhaus, der unheilbar an Krebs erkrankt ist, hältst seine Hand und weißt nicht, was du sagen sollst; das Sterben erschreckt dich, und du findest weder vor dir noch vor anderen eine Antwort auf diese Fragen. Du empfindest Angst und möchtest mit niemandem darüber sprechen und lenkst dich durch Betriebsamkeit ab.

Du erkennst, dass die Klarheit der Meinungen zum Leben nur oberflächliche Scheinklarheiten sind. Es kann daher keine wirkliche Klarheit entstehen, solange du nicht in dir selbst Klarheit gefunden hast. Wirkliche Klarheit kann es nur geben, wenn sie aus dir selbst kommt, niemals, wenn sie dir von anderen vermittelt wurde und du sie einfach nur übernommen hast. Deshalb musst du selbst erkennen, was in dir vorgeht, was Liebe ist und Enthebung, was Angst ist und Neid, was Krankheit heißt und Sterben, wie Misserfolg sich anfühlt, was dich bewegt und motiviert und was dich wirklich interessiert. Deshalb ist Selbsterkenntnis so wichtig, dieser Kontakt zu deinem Inneren im Gegensatz zum Kontakt nach außen.

Es geht nicht darum, dass du zum Einzelgänger werden sollst, der nur für sich selbst lebt und den Kontakt nach außen zu anderen einschränkt oder abbricht. Unser Denken neigt dazu, in Gegensätzen zu ordnen: Entweder ich lebe kommunikativ nach außen und bin gesellig, oder ich lebe nach innen und bin ein ‹Sonderling›. Außerdem haben wir panische Angst davor, ein ‹Eigenbrötler› zu sein. Diese Angst wurde uns in unserer Erziehung vermittelt, weil das übliche Menschenbild das extravertierte Kontaktverhalten überbewertet und den introvertierten Kontakt zum Selbst abwertet.

Beides ist für dein Leben wichtig – du kannst das eine praktizieren, ohne das andere zu vernachlässigen. Das Pendel muss nach beiden Richtungen schwingen können, damit Ausgeglichenheit und Harmonie entsteht: Es schwingt in die Extraversion und danach wieder in die Introversion zurück, und ebenso schwingt es in die Aktivität der Handlung, um wieder zurückzuschwingen in die Passivität der Nichthandlung. In der Schwingung liegt die Lebendigkeit, also ist der Wechsel, ist die Veränderung zu begrüßen. Wenn du mitschwingst, fühlst du dich wohl, dann entsteht keine Reibung; wenn du dich dagegenstemmst, wirst du innerlich verspannt, verkrampft und psychosomatisch krank. Du solltest dir diese Flexibilität bewahren. Es gibt keine feststehende Meinung und keine eindeutige Klarheit; das wirst du selbst in dir erfahren. Wenn du alle Meinungen und äußeren Scheinklarheiten abwirfst und mit dir Kontakt aufnimmst, der Sprache der Gefühle lauschst, dann bewegst du dich mit, dann steht deine Ratio nicht starr gegen die Emotionen, dann schwingst du mit und überlässt dich den Schwingungen, dann bekommst du ein Gespür für die Gedanken und Emotionen und für deinen Standort in der jeweiligen Situation, in der du dich gerade befindest. Aus dieser Selbsterfahrung entsteht eine Strukturierung, die nicht von außen aufgeprägt wird, sondern die in lebendigem Bezug zur Wirklichkeit steht.

Du bekommst ein ganz neues Gespür für das Leben, dein eigenes Leben und das Leben der anderen. Es entsteht eine Klarheit in dir selbst, die von ganz anderer Beschaffenheit ist als die Klarheit, die du bisher zu besitzen glaubtest. Es fällt dir wie Schuppen von den Augen, dass deine bisherige Klarheit gar keine war, dass die bisherige Ordnung Unordnung war, dass du verwirrt warst im Vergleich zu dieser neuen Klarheit. Du siehst erstmals dich selbst und die anderen mit neuen Augen, stellst fest, dass du bisher die Welt aus einem Gefängnis heraus betrachtet hast. Jetzt trittst du heraus und fühlst dich frei – wie neu geboren. In diesem Moment bist du seelisch geboren. Es ist die eigentliche Geburt deines Selbstseins als eigenständiger Mensch.

Der Weg zur Selbsterkenntnis führt über das Nach-innen-Schauen und das Nach-innen-Lauschen. Du sagtest mir, das würde einfach klingen, und du fragst: Warum gelingt mir das so selten und anderen offenbar auch nicht?

Zunächst einmal möchte ich dir empfehlen, nicht darauf zu achten, was anderen gelingt und was nicht. Wir achten viel zu sehr auf die anderen, weil wir das so gewohnt sind. Unser Erziehungssystem ist auf Leistungsvergleich hin ausgerichtet. Von frühester Jugend an schätzen wir uns selbst ein durch den Vergleich: Was kann er, was kann er nicht? Außerdem, so sagen die Erziehungspersonen, sollen wir uns an anderen ein Beispiel nehmen, und zwar an denen, die mehr leisten, die mehr haben, die erfolgreicher sind. Du musst also aufhören damit, dich mit anderen zu vergleichen. Was sie nicht praktizieren oder was ihnen schwer fällt, muss dir noch lange nicht schwer fallen.

Das In-sich-Hineinschauen, die Introspektion – das hast du richtig erkannt –, fällt den meisten schwer, denn was du in dir zu sehen bekommst, ist nicht unbedingt nur positiv, nicht nur angenehm. Wenn du deinen Gefühlen nachfühlst, stößt du auch sehr schnell auf Gefühle der Angst. Du stellst fest, dass hinter vielem, was du in dir betrachtest, Angst hervorkriecht. Damit konfrontiert zu werden und nicht in die Ablenkung zu flüchten, ist nicht einfach. Was ich dir sage, hört sich mitunter einfach an, aber es ist nicht leicht zu praktizieren. Du musst diese auftauchenden Angstgefühle aushalten, ihnen nachgehen und ihren Ursprung aufspüren. Es gehört sehr viel Energie und Konsequenz dazu, diesen Weg weiterzugehen.

Selbsterforschung ist auch ein Stück Abenteuer und birgt

den Reiz in sich, Neuland der eigenen Psyche zu entdecken. Um ein Entdecker zu sein, musst du dazu bereit sein, Hindernisse zu überwinden und Angst erzeugende Situationen auszuhalten. Nur wenn du ein solcher Entdecker bist, stößt du in Neuland vor. Kolumbus zum Beispiel war davon getrieben, Gold zu finden und Ruhm zu erringen. Wenn du dich selbst zu entdecken beginnst, so wirst du zunächst kein Gold finden und auch keinen Ruhm erwerben. Du wirst vielmehr von deinen Mitmenschen, wenn du davon erzählst, belächelt werden, wirst erleben, wie sie sich abfällig äußern über das, was du vorhast. Sie werten dich ab und sagen dir, Selbstbetrachtung ‹bringe nichts›, sie mache dich ‹untüchtig›, beschränke deinen Handlungsspielraum, auf den es doch so sehr ankomme. Was in dieser Geringschätzung zum Vorschein kommt, ist die Angst der anderen.

Ich frage dich, was für einen Wert hat Handlung, die nicht mit tiefer Selbsterkenntnis einhergeht? Was bedeutet Handlung, die nur um der Aktion willen erfolgt? Sie ist lediglich Energie zehrende Betriebsamkeit. Ich behaupte: Selbsterforschung ist eine hohe Form der Aktivität. Du magst zwar still auf einer Wiese sitzen, du sprichst nicht, telefonierst nicht, gehst keinen Geschäften nach, knüpfst keine neuen Kontakte, denkst nicht über Geldvermehrung nach, auch nicht darüber, wie du andere manipulieren kannst – und dennoch ist dieses äußerliche Stillsein keine Passivität, sondern, so behaupte ich, die wertvollste Form der Aktivität, eine Aktivität, die auch deine äußerlichen Handlungen, die sekundär sind, schließlich beeinflussen wird.

In dieser Phase der Selbsterforschung nimmst du Kontakt mit deinem Inneren auf. Du betrachtest deine Wünsche und Sehnsüchte, siehst deine Untreue, deine Faulheit und Bequemlichkeit, deine Wildheit und Unmoral. Ich weiß, es ist sehr schwer zu ertragen, wenn wir sehen, dass wir hinterhältige Gedanken hegen, dass wir Heuchler sind und den anderen von uns ein falsches Bild suggerieren, wenn wir sehen, dass wir habgierig sind und auf den Erfolg von anderen mit Neidgefühlen reagieren. Den eigenen Neid zu erkennen kann erschreckend sein.

Du wirst durch Selbsterforschung auch auf deine Feigheit stoßen, wirst erkennen, wie du versuchst, einer schwierigen Situation auszuweichen, wirst erkennen, wie dein Denken nach Wegen sucht, solche Situationen zu umgehen, selbst wenn es dazu einer Intrige bedarf. Es ist sehr schwer, das eigene Intrigantentum vor sich zuzugeben, es in Ruhe und ohne Scheu zu beobachten.

Es ist nicht einfach, die eigene Aggressivität zu erkennen. Ich meine nicht die vordergründige Aggression eines Wutausbruchs, nein, ich meine die Aggressivität, die als Destruktivität und als Neid in dir arbeitet, die dich über das Missgeschick anderer lachen lässt, die den Misserfolg anderer genießt. Ich meine die versteckte Aggression, die sich verbal als Ironie und Zynismus äußert. Jene Feinheiten deiner Destruktivität kannst du nur durch diese intensive Selbsterforschung aufspüren – und das alles ist nicht angenehm. Du bist verheiratet und spielst deiner Frau den treuen, freundlichen und liebenden Ehegatten vor, aber in dir sind sexuelle Begierden nach einer anderen Frau, die du flüchtig kennen gelernt hast und von der du hoffst, sie wiederzusehen. Sich dem zu stellen, das vor dir selbst anzuerkennen, das macht Angst.

Ich habe einmal gesagt: In jedem von uns sind viele Diamanten verborgen, die es zu entdecken gilt. Das bringt aber nur die eine Seite zum Ausdruck. Die Diamanten in uns scheinen nicht so verlockend zu sein, dass wir nach ihnen Ausschau halten, denn bevor wir an die Diamanten gelangen, müssen wir einen Dschungel von Beängstigendem durchdringen. Um ans Licht zu gelangen, müssen wir durch viel Dunkelheit gehen. Wir scheuen die Schatten in unserer Seele. Wegen dieser Schatten geben wir vorzeitig auf. Es scheint einfacher zu sein, davon nichts wissen zu wollen, also begeben wir uns lieber in das künstliche Licht der Schein- und Glitzerwelten.

Wenn du in dich hineingehst, dich selbst zu erkennen beginnst, dann spürst du zunächst nichts als Angst, Aggression, Destruktionswünsche, Neid, Habgier, unerfüllte sexuelle Wünsche, Ärger, Wut, Frustration, Verletztheit und so weiter. Das alles zu sehen zieht dich nicht an, sondern stößt dich ab. Du wendest dich erschreckt, vielleicht sogar angeekelt von deinem Inneren ab. Du planst dann mit dem Denken lieber ein neues Geschäft, buchst vielleicht einen Urlaub, triffst dich mit Freunden, kaufst dir ein neues Motorrad, versuchst, deinen Konkurrenten in eine Sackgasse laufen zu lassen. Wenn du damit auch noch Erfolg hast und deine soziale Umwelt dich dafür lobt, bist du für die Selbsterkenntnis verloren. Du wirst so weitermachen und andere, die sich mit Selbsterforschung befassen, für dumm halten. Du wirst dann in Zukunft alles, was mit ‹Seele› und ‹Gefühl› zu tun hat, mit Vehemenz abwerten. Am Grad der Heftigkeit deiner Abwertung ist dann deine Angst zu erkennen, die dem zugrunde liegt. Du wirst nun immer in diesem Stil weitermachen, wirst vielleicht äußeren Erfolg haben, aber dabei trotz allem unglücklich und unzufrieden sein. Du wirst zu einem verbitterten Zyniker, weil du tief innerlich doch spürst, dass du dich selbst und das Leben verfehlst. Du fliehst vor deinen inneren Schatten, die dich doch immer wieder einholen, wobei du nicht bewusst wahrnimmst, dass es die Schatten aus deiner Seele sind. Du wirst allen anderen und den Umständen in der Gesellschaft, der Politik, der Kultur, meist dem Zeitgeist die Schuld geben. Du hältst vor dir selbst die Illusion aufrecht, du seist in Ordnung, während alles Übel immer von anderen komme.

Wer nicht die Schatten in sich selbst erkennt, wird niemals ein glückliches, freies und entspanntes Leben führen können. Du gehst daran vorbei, sodass sich aus dir selbst die Schatten ausbreiten und sich auf alles Schöne legen. Es gibt aber nur den einen Weg der Selbsterforschung, der ans Licht führt.

Sechstes Kapitel
Liebe wird in dir wirksam

Wir wollen vornehmlich geliebt werden und natürlich auch selbst jemanden lieben. Wir wissen aber seit frühester Jugend viel zu wenig über die Liebe. In meiner Praxis erlebe ich bei Partnerschafts- und Ehescheidungsproblemen immer wieder, wie viel der Gesprächszeit darauf verwendet wird, mir zu schildern, der Partner (die Partnerin) sei langweilig, aggressiv, treulos, unverschämt, faul, desinteressiert, schwierig, lieblos und ohne Verständnis. Aus allem spricht: Ich werde nicht genügend geliebt. Wenn ich dann frage: «Lieben Sie Ihren Partner (Ihre Partnerin)?», dann folgt erstauntes Aufblicken, folgt die Gegenfrage: «Ich weiß nicht. Was ist überhaupt Liebe? Ich weiß nicht, ob ich sie (ihn) noch liebe. Sagen Sie mir, was ist Liebe?»

Kann ein anderer dir beantworten, was Liebe ist? Liebe ist ein elementares Gefühl, das jeder in sich selbst fühlen muss. Wenn er es fühlt, dann sollte er dieses Gefühl ausfühlen, damit er ‹weiß›, was Liebe ist. Es ist natürlich nicht einfach, dieses Gefühl zu verbalisieren. Wir meinen, wir müssten alles in Worte fassen können, damit es zur konkreten Wirklichkeit würde. Liebe ist aber ein Gefühl, eine Realität, die jenseits der Wörter und der Rationalität existiert.

Die meisten Menschen verwechseln Liebe mit Sexualität. Ist Liebe Sexualität? Ich stelle dir jetzt diese Frage und bitte dich, ihr nachzugehen. Du wirst herausfinden, dass Liebe viel mehr ist als sexuelles Begehren. Sexuelle Anziehung zwischen

Mann und Frau hat ihre Bedeutung; das ist selbstverständlich. Sexuelle Anziehung aber allein ist nicht Liebe. Was ist dieses Mehr? Dieser Frage müssen wir nachgehen. Damit soll die Sexualität nicht in ihrer Bedeutung geschmälert werden. Ich bin allerdings der Überzeugung, dass der Sexualität eine zu große Bedeutung beigemessen wird.

Wir leben in einer sexorientierten Gesellschaft. Die Sexualität spielt eine überdimensionierte Rolle in der Werbung, den Medien, der Mode, eben weil wir körperorientiert sind. Deshalb werden Liebe und Sexualität zu einer Einheit verschmolzen. Ist sexuelle Anziehung schon Liebe? Ist das Verwirklichen sexueller Wünsche ein Akt der Liebe?

Wir interessieren uns sehr für die sexuellen Spielarten, für alle sexuellen Möglichkeiten, für sexuelle Arten und Abarten. Wir richten unser Interesse auf Perversionen und befriedigen das mit Pornographie aller Art. Die Schattenseiten und Abgründe der Sexualität wecken unsere Neugier. Warum sind wir so extrem an der Sexualität interessiert, nicht aber an dem Thema Liebe? Die Thematik der Sexualität und der Pornographie ist ein Markt für geschäftstüchtige Unternehmer, die Thematik Liebe aber nicht. Wir sind trotz aller Befreiung von traditioneller Prüderie noch nicht wirklich befreit. Die Abkehr von muffiger Sexualmoral und die Liberalität der Berichterstattung in den Medien hat uns offenbar nicht frei gemacht. Es schwelen immer noch verborgene Wünsche in uns, die uns nicht zur Ruhe kommen lassen. Wir haben Sex im Kopf und dabei keinen Bezug zur Liebe. Liebe und Sexualität sind voneinander getrennt, und es fällt uns schwer, beides zu unterscheiden und wieder den Zusammenhang herzustellen.

Das hat damit zu tun, dass wir unser Innerstes fliehen. Solange wir uns nicht selbst erforschen und erkennen, leben wir oberflächlich. Solange wir den anderen nicht in unsere Seele schauen lassen, weil wir es nicht ertragen, selbst hineinzuschauen, sind wir unfrei. Die sexuelle Entfaltung bleibt oberflächlicher Körperkontakt, solange wir die Seele nicht mit einbeziehen – und das führt zur Frustration. Ein Orgasmus allein ist nur eine oberflächliche Befriedigung, solange wir auf der körperlichen Ebene Befriedigung suchen. Seele und Körper können wir zwar rational voneinander trennen, aber nicht existentiell.

Ich möchte dir damit vor Augen führen: Wir leben gespalten in Körper, Seele und Geist. Du kannst auf der körperlichen Ebene durch Sexualität Befriedigung erlangen, und du kannst danach wieder zur rationalen Ebene des Denkens zurückkehren. Du konsumierst über den Orgasmus körperliche Befriedigung, und die Ratio findet das in Ordnung so. Was hat das aber mit Liebe zu tun? Kann die Ratio beschließen, das zur Liebe zu erklären? Wenn sie es dazu erklärt, ist es dann auch Liebe? Oder ist Liebe etwas ganz anderes? Kann die Ratio Liebe definieren? Hat Liebe etwas mit Moral, Religion, mit Philosophie zu tun? Wen wirst du befragen? Den Psychologen, den Psychiater, den Politiker, den Kardinal, den Priester, deinen Onkel, deinen Vater, deine Mutter, einen Wissenschaftler? Du hast bereits unbewusst und auch gezielt in deinem Lebenslauf alle danach gefragt, und jeder gab dir eine Antwort, geprägt von seinem speziellen Blickwinkel. Du erhieltst viele Antworten, aber keine Antwort, die dich befriedigt hätte. Und nun erwartest du von mir eine Antwort. Findest du die Antwort dafür nicht in dir selbst? Was ist Liebe für dich, was bedeutet Sexualität für dich? Das ist kein Ausweichen vor der Beantwortung deiner Frage. Von der Sexualität weißt du genug. Aber es scheint immer noch nicht genug, denn du bist, wie viele andere auch, sexbesessen. Von Liebe weißt du sehr wenig, und es interessiert dich auch weniger. Hier liegt das Problem. Wir weichen der Liebe aus und wundern uns, warum der Bereich der Sexualität uns nicht glücklich und zufrieden macht.

Die Dimension der Liebe zu betreten ist nicht modern und scheint etwas mit Introvertiertheit zu tun zu haben. Liebe ist schwer in Worte zu fassen, während wir über Sexualität, sofern wir uns trauen, konkret körperbezogen reden können. Liebe ist etwas Psychisches und Emotionales; dafür fehlen uns die Worte. Wenn du dich wirklich verliebst, dann fühlst du überrascht: Hier geschieht etwas, was mich ergreift, etwas, das mehr ist als sexuelle Anziehung. Es existiert also etwas jenseits davon. Durch Selbsterforschung stößt du auf diesen Bereich, der dich über die Geschlechtererotik hinausführt. Ich möchte dich bei der Hand nehmen und dich mit dieser Dimension bekannt machen.

Liebe ist in dir

Du kannst die Liebe nur entdecken, wenn du sie in dir selbst erkennst. Nur durch diese Selbsterforschung deiner Seele, deiner Vorgänge in dir, kannst du die Zusammenhänge erkennen, die Liebe fördern oder sie zerstören. Es ist deshalb wichtig, dass du dich mit deinem Ehrgeiz, deinem Neid und deiner Angst befasst. Du wirst dann sehen, dass der Ehrgeiz, der dir als etwas Positives vermittelt wurde, dein Inneres durchzieht: Er lässt dich beispielsweise neidisch werden auf den Erfolg eines ‹Konkurrenten›, denn wenn du vom Ehrgeiz durchdrungen bist, sind fast alle deine Konkurrenten, stehen sie doch mit dir im Wettbewerb, beruflich, in der Freizeit und privat. Du wirst dann erkennen, dass Ehrgeiz und Angst miteinander verbunden sind.

Wenn du eine ehrgeizige Einstellung hast, dich also im Leistungswettbewerb fühlst, dann entsteht die Angst zu versagen. Wir sind ja nicht nur ehrgeizig in der Verfolgung eines beruflichen Zieles, das wir erreichen wollen. Du bist regelrecht darauf ‹getrimmt› worden, fleißig zu sein, konzentriert deine Aufgaben zu erledigen, dich anzupassen, Wissen anzusammeln, Intelligenz zu entwickeln, Sprachen zu lernen, um dich so in deiner Umwelt vor den anderen zu profilieren.

Natürlich ist es nützlich, Sprachen zu lernen, und es ist sinnvoll, seine Intelligenz zu schulen, sofern dich das nicht ehrgeizig macht, sofern du dich dadurch nicht in einen Leistungswettbewerb treiben lässt. Aber du bist von Kindheit an nichts anderes gewohnt, als deine Leistung an der Leistungsfähigkeit der anderen zu messen. Und so wird die Grundlage für Neid, Egoismus und Angst in deiner Seele gelegt.

Was hat das alles nun mit der Liebe zu tun, von der ich dir etwas erzählen wollte? Ich möchte dir bewusst machen, dass unsere Geisteshaltung der Liebe entgegensteht und sie nicht zur Entfaltung kommen lässt. Die ehrgeizige Mentalität, die die meisten Menschen in unserer Gesellschaft nun einmal zwangsläufig haben, ist liebesfeindlich.

Eine liebende Mentalität ist das genaue Gegenteil, ist nur möglich in einer anderen Persönlichkeitsstruktur. Du kannst eine Person nicht lieben und gleichzeitig mit ihr in Konkurrenz treten. Liebe und Konkurrenzdenken gehen nicht zusammen, und auch Liebe und Neid vertragen sich nicht. Die Liebe wird dadurch erstickt. Und das ist der Grund dafür, warum sich

Ehepartner oft nur noch in Spannung und Konflikt begegnen, da sie ihre Liebe durch Ehrgeiz, Angst und Neid ersticken.

Wir alle suchen Liebe, aber nur wenige können sie in sich bewahren. Deshalb möchte ich, dass du dir über die Liebe als einen seelisch-geistigen Prozess klar wirst. Liebe ist nicht etwas, das dir entgegengebracht werden soll, denn dann wäre Liebe ja eine Art Konsumgut, das konsumiert wird wie ein Getränk oder wie ein Unterhaltungsprogramm. Solcher Konsum würde nur deinem Selbstwertgefühl schmeicheln, sonst jedoch nichts in dir auslösen. Deshalb solltest du nicht ehrgeizig danach streben, geliebt zu werden, sondern die Voraussetzung dafür schaffen, selbst zu lieben. Diese eigene Liebesfähigkeit ist in dir vorhanden. Wenn du dich mit dir selbst befasst, wirst du sie entdecken. Sie ist allerdings verschüttet durch das Streben nach Selbstbestätigung, durch die gierige Konsummentalität. Etwas zu begehren und es haben zu wollen, bündelt zwar das Interesse und mobilisiert die Energie, dein Ziel zu verfolgen, aber das führt nur zu einer Bedürfnisbefriedigung und lässt nicht Liebe wachsen.

Zu lieben ist eine andere Art von Aufmerksamkeit. Sie entsteht durch die Betrachtung in Offenheit, sie ist eine Freude in dir; es wird dir etwas geschenkt, ohne es konsumieren zu wollen. Der Ursprung der Liebe liegt nicht in der Sexualität (die nur ein Teil von ihr ist). Die Freiheit der Wahrnehmung bezieht sich auf die gesamte Umwelt, die Außenwelt, auf alles, was die Sinne erfassen können. Die Sinnlichkeit entsteht in deiner Entwicklung vor der Geschlechtsreife. Alles, was dir die Sinne übermitteln, ist ein Geschenk des Lebens an dich.

Wir müssen das Äußere und das Innere unterscheiden. Du selbst bist auch etwas Äußeres. Wenn du deine Hände betrachtest, so sind sie etwas Äußeres. Wenn du dich im Spiegel anschaust, dann weißt du, dass du das bist, dass es deine äußere Hülle ist, die, aus deinem Inneren gesehen, positiv oder negativ bewertet wird. Es besteht eine Trennung in dir selbst; du stehst möglicherweise in einem Konflikt mit dir. Wenn du dich selbst nicht als gut aussehend wertest, dann macht sich dieser Widerstreit sehr unangenehm bemerkbar. Wenn du dich an dir selbst nicht erfreust, wirst du immer anderen gegenüber misstrauisch sein. Wenn du dich selbst nicht akzeptierst, fällt es dir schwer, auch andere zu akzeptieren. Deshalb müsste die wichtigste Aufgabe der Erziehung darin bestehen, dir dieses Selbstwertgefühl zu vermitteln, damit du in Frieden leben kannst, mit deinem Inneren und deinem Äußeren – und dadurch auch mit anderen.

Ich möchte dir bewusst machen, dass deine äußere Hülle, dein Körper, nur etwas Äußerliches ist. Davon unabhängig existiert dein Inneres tief in dir, ist der eigentliche Kern deiner Person. Du kannst ihn Seele nennen oder Selbst oder Ich. Sich damit zu befassen hat nichts mit Egozentrik zu tun. Es geht darum, sich selbst kennen zu lernen, also nicht vor diesem Innersten zu fliehen, sondern sich damit zu befassen.

Dieses Innerste ist nicht das Denken. Das Denken dreht sich oft schnell im Kreis und wird dann zu einem Grübeln. Wir meinen oft, wir wären das Denken; das ist jedoch falsch. Auch das Denken ist etwas Äußeres und nicht unser eigentliches Inneres. Wenn du den Schirm des Denkens durchbrichst und tiefer in dich hineinschaust, wirst du feststellen, dass hinter dem Vorhang des Denkens erst das Seelische beginnt, deine Subjektivität, die immer da ist, aber mit der du selten in Kontakt bist. Ich möchte deine Aufmerksamkeit dafür schärfen, damit du diesen Kontakt in Zukunft häufiger herstellst. Wenn du diese Momente erlebst, in denen du ganz bei dir bist, wirst du einen anderen Bezug zu deiner Person und zu deiner Umwelt gewinnen. Wenn du ganz bei dir bist, kannst du auch ganz in der Welt sein. Und in diesem Augenblick entsteht der Zustand der Liebe. Du achtest nicht darauf, geliebt zu werden, sondern du entdeckst deine liebende Haltung zu deiner Umwelt. Du selbst liebst, und das macht dich frei, lässt dich aufatmen, macht dich beschwingt und erzeugt Lebensfreude.

Diese Lebensfreude ist etwas anderes als die Freude über einen Erfolg, über etwas Materielles, denn diese Lebensfreude bewegt sich in einer anderen Qualitätsdimension. Du wirst feststellen, dass nur diese Lebensfreude wirklich glücklich macht und dein Leben dann in einem anderen Licht steht. Alles andere, was wir oberflächlich als Glück bezeichnen, ist im Vergleich dazu grau. Nur über die Öffnung aus deinem subjektiven Inneren heraus, das hinter dem Denken liegt, entsteht Liebe in dir. Wenn du nicht liebst, verläuft dein Leben in grauen Gefängniszellen. Selbst wenn die Wände mit Gold verziert sind und Diamanten in den Fußboden eingelassen sind, so ist es immer noch ein Gefängnis, in dem du dahinvegetierst. Diese Entdeckung wird dir von keinem anderen gegeben. Du musst sie selbst machen.

Liebe ist ein Lebensgefühl

Wenn ich dich immer wieder auf die Wahrnehmung deines inneren Selbst verweise, verstehe ich darunter keinesfalls ein Zurückziehen ins eigene ‹Schneckenhaus›. Ich meine damit nicht, dass du dich in dich selbst einkapseln sollst, stünde das doch auch nicht im Einklang mit dem, was ich dir über die Liebe geschrieben habe. Erst wenn wir uns nach außen öffnen und die Außenwelt mit wachen Sinnen wahrnehmen, erwacht in unserem Inneren eine liebende Haltung. Sofern wir uns in uns selbst nur zurückziehen, um vor der Außenwelt zu fliehen, kann keine Liebe entstehen. Liebe ist Zuwendung nach außen in Mitgefühl. Das wichtigste Charakteristikum der Liebe ist die Anteilnahme. Dieses Mitgefühl allerdings entsteht in deinem Inneren, in der Seele, nicht im Verstand. Die Ratio kennt kein Mitgefühl – also ist ihr auch die Liebe fremd.

Du kannst Liebe nicht mit der Ratio erzeugen, kannst also nicht über das Denken lieben. Die Liebe ist nicht ausrechenbar mit rationalen Faktoren. Du versuchst vielleicht, über die Ratio deinen Willen zu mobilisieren und dir selbst zu befehlen: Ich will diesen Menschen lieben, denn die und die ‹guten Gründe› sprechen dafür. Wenn du so vorgehst, wirst du feststellen, dass sich die Seele störrisch verhält und sich dem Willen widersetzt. Jemanden zu lieben lässt sich nicht durch eine Willensentscheidung realisieren. Mit Hilfe der Ratio lieben zu wollen ist also der falsche Weg. Du musst dich vielmehr vertrauensvoll deinem Inneren überlassen und durch die Öffnung der Seele – in Verbindung mit deiner Sensitivität – die Liebe geschehen lassen. Deshalb ist Liebe auch immer ein Risiko.

Mit dem Verstand versuchen wir, dieses Risiko zu minimieren. Diese Rechnung aber geht nicht auf, denn wir schneiden uns auf diese Weise von unserem Gefühlsleben ab. Einen anderen Menschen zu lieben erzeugt in uns nicht nur Freude, sondern auch die Angst, er könne nach rationalen Erwägungen ‹der (die) Falsche› sein. Doch da der Weg zur Liebe eindimensional über die Seele führt, können wir eigentlich, sofern wir lieben, nicht den (die) Falsche(n) oder das Falsche lieben. Es ist immer richtig und beglückend, zu lieben. Erst danach kann der Verstand die Frage stellen, ob er, aus rationalen Erwägungen heraus, mit diesem Menschen eine Lebensgemeinschaft eingehen möchte. Natürlich möchte man nicht mit jedem, den man liebt, auch zusammenleben. Darauf kommt es aber auch gar nicht an. Du wirst ja auch nicht jeden Baum, den du schön findest, unter dem du im Sommer sitzt und meditierst, in deinen Garten verpflanzen wollen.

Diese Erkenntnis über die Liebe ist eine wunderbare Öffnung in die Freiheit, die jegliche Angst verweht. Du lässt deiner Liebe freien Lauf und kontrollierst sie nicht mit dem Verstand, und dabei hört auch der Wille auf, dich zu zwingen, jemanden zu lieben, weil es ‹vernünftig› wäre, ihn zu lieben.

Du erkennst jetzt, dass Liebe ein Lebensgefühl ist, das zur Entfaltung kommen möchte. Allein dieses Lebensgefühl – zu lieben – macht dich glücklich, weil du durch Mitgefühl mit allem, was dich umgibt, verbunden bist. Es eröffnet sich ein ungeheurer Reichtum, eine offene und weite Welt voller Schönheit, in der auch die Hässlichkeit, das Sterben und das Leid ihren Platz haben. Deshalb heißt Selbstfindung auch Selbsterforschung, nicht Abwendung von der Außenwelt, sondern Aufschließung deiner eigenen Innenwelt. Du räumst den ganzen Schutt weg, die Wände, die du errichtet hast, um dein Inneres vor Verletzungen zu schützen. Deshalb bedeutet Selbsterforschung der eigenen Seele auch nicht, sich zu schützen, sondern die innere Sensitivität anzunehmen.

Wir sind alle sensibel und in dieser Sensibilität sehr verletzlich. Wir versuchen sogar vor uns selbst, diese Sensibilität oft zu verleugnen, denn wir wollen hart, stark, durchsetzungsbewusst, tüchtig und unangreifbar sein. Wenn du in dich gehst, dein Inneres vorurteilsfrei betrachtest, dann wird dir deine

Sensibilität bewusst. Auch das macht uns Angst, weil sie nicht dem Idealbild entspricht, das wir uns von einem lebenstüchtigen Menschen machen. Deshalb müssen wir uns ernsthaft fragen, was ist eigentlich Lebensuntüchtigkeit? Oberflächlich betrachtet, wollen wir gut funktionieren und die Aufgaben des Lebens mit Erfolg meistern – wir wollen wie ein Computer, der ja seelenlos ist, genauso seelenlos sein, also von Gefühlen unberührt.

Du bist aber ein lebendiges Wesen, und neben deiner körperlichen Existenz, die naturwissenschaftlich als chemisch-physikalischer Prozess analysiert und beschrieben werden kann, führst du als Lebewesen darüber hinaus ein seelisches Leben, und dazu gehören neben der reinen Physiologie und Rationalität glücklicherweise auch Emotionalität und Sensibilität. Anderenfalls wäre Liebe nicht möglich. Ein Computer funktioniert entweder richtig oder falsch, aber er verliebt sich nicht, denn er verfügt nicht über die Dimension der Emotionalität. Der Computer ist ein Werkzeug für unsere Rationalität, und so hat dieses Instrument sonst keine Bedeutung für unser Menschsein. Wenn ich sage, gehe in dich und erfahre deine Seele, dann hat das, völlig unabhängig von deinen Studienzeiten und deinen beruflichen Aufgaben, den Sinn, dich aus dieser oberflächlichen Welt der Leistung und Funktion auf deine eigentlichen Aufgaben als Mensch hinzuweisen.

Ein Leben ohne Verliebtsein in das Leben hat wenig Sinn, ist ein oberflächliches Existieren ohne wirklichen Reichtum. Deshalb ist die Erforschung der eigenen Seele kein Rückzug in ein Schneckenhaus, sondern führt zu den Quellen des Menschseins, zu deiner Sensibilität und deiner Fähigkeit, mitzufühlen und zu lieben. Wenn du dich mit dieser elementaren seelischen Basis zu befassen beginnst, wirst du feststellen, dass

Verliebtheit nichts Besonderes ist, sondern ganz selbstverständlich zur Emotionalität und Sensitivität dazugehört. Liebe ist das Lebensgefühl des beseelten Lebewesens, ist Befreiung aus der Funktion der physiologischen Gesetzmäßigkeiten und auch aus den Strukturen der Rationalität, in denen wir uns so leicht verfangen.

Wenn du dich physiologisch erlebst, wirst du dich richtig ernähren und eventuell deine Muskulatur mit einem Fitnessprogramm kräftigen. Wenn du dich rational als intelligentes Wesen erlebst, wirst du dich bilden, Wissen ansammeln und so deine Gehirnzellen trainieren. Wenn du dich aber davon unabhängig und darüber hinaus auch psychisch erlebst, wirst du ein Lebensgefühl erfahren, das Liebe impliziert. Und Liebe ist viel mehr als physiologisches und intellektuelles Leben. Du betrittst einen neuen Raum, zunächst vielleicht zögernd und ängstlich, aber du wirst dann feststellen, dass dein Leben als beseeltes Wesen erst hier beginnt. Es wird dir nichts genommen, sondern es wird dir Lebensenergie gegeben. Dein Lebensgefühl wird gesteigert, und trotz Sensibilität und Verletzlichkeit wird dir mit der Verliebtheit in die Umwelt Kraft gegeben.

Liebe kräftigt deine Vitalität, während fehlende Liebe (nicht die Liebe, die du erhältst, sondern Liebe, die du empfindest) deine Vitalität schwächt, weil sie dein positives Lebensgefühl beschneidet und an der Entfaltung hindert. Liebe ist Lebensentfaltung, während fehlende Liebe zur Lebensverkümmerung führt. Liebe zu fühlen (also selbst zu lieben) macht dich vital, während du geschwächt wirst, wenn du dich nicht liebst, trotz physiologischer Programme, trotz Schärfung deiner intellektuellen Kräfte durch Studium und Anhäufung von Wissen.

Egoismus ist keine Selbststärke

Die meisten Menschen sind egoistisch, denn sie sind so erzogen, gen, sich selbst innerhalb der Konkurrenz mit anderen zu vergleichen und besser, größer und erfolgreicher zu sein als andere. Das ist die alltägliche Situation. Es besteht ein ständiges Gerangel um mehr Erfolg, mehr Status und mehr Durchsetzung des eigenen Egos gegenüber anderen egoistischen Interessen. Jeder versucht, sich selbst vor anderen ins rechte Licht zu setzen und seine Ansprüche gegenüber anderen durchzusetzen. Das kennst du alles.

Wenn ich von der Stärkung des Ich spreche, dann meine ich etwas ganz anderes. Und ich hoffe, dass du es verstehst, nachdem ich dir über die Liebe und das Mitgefühl meine Gedanken mitgeteilt habe. Das egoistische Streben des Einzelnen nach Erfolg ist allgegenwärtig. Du weißt, dass die Menschen danach gieren und vor allem mehr darüber wissen wollen, wie sie dieses Ziel erreichen können. Deshalb wird die Psychologie als Wissenschaft von der Seele nicht selten dazu missbraucht, dieses Wissen über die Steigerung des Egos und die Unterdrückung der anderen Egos zu vermitteln. Die Psychologie sollte aber keine Waffe sein im Kampf des Egos gegen die andere Psyche, sollte daher als Wissenschaft nicht missbraucht werden wie etwa Physik und Chemie. Ich denke da an die Waffen, die gegen Menschen, Lebewesen und Natur eingesetzt wurden und werden. Wenn Wissen über die Psyche des Menschen dazu benutzt wird, ihn zu manipulieren, ihn zu unterdrücken, ihn für Zwecke gefügig zu machen, dann wird dieses Wissen missbraucht. Wenn beispielsweise ein Arzt Medikamente einsetzt, um einen Menschen an die Gesellschaft anzupassen, dann missbraucht er das medizinisch-pharmakologische Wissen. Überhaupt ist festzustellen: Der Missbrauch wissenschaftlich erforschter Erkenntnisse nimmt mehr und mehr zu. So wird heute die Wissenschaft, einstmals ein hoch eingeschätztes Instrument der Aufklärung, Wissen zu schaffen und durch dieses Wissen dem Menschen zu dienen, zu einem Problem. Wir leben mit den beiden Seiten: Wissen hilft und beseitigt Not, Wissen unterdrückt und schafft neue Not.

Ist es zwangsläufig so, dass Positives immer auch Negatives impliziert? Ist es unausweichlich so, dass ein Hammer einmal dazu benutzt werden kann, einen Nagel in die Wand zu schlagen, um ein Bild daran aufzuhängen, zum anderen dazu benutzt werden kann, einen Menschen damit tödlich zu verletzen? Können wir mit den Erkenntnissen über die Seele einen Menschen gesund und glücklich machen, ihn aber auch manipulieren und ihn zu einem egoistischen, ja egozentrischen Diktator machen?

Aber wird nicht auch die Religion missbraucht? Die Lehre von Jesus Christus, die die Grundlage des Christentums ist, eine Lehre, die Freiheit, Liebe und Mitmenschlichkeit predigt, hat sie nicht auch zu Intoleranz, Lieblosigkeit, Mord und Unterdrückung geführt? Und die Kunst? Wir schätzen die künstlerischen Entfaltungen des Menschen in der Literatur, in der Musik und in der Malerei als höchste Form menschlichen Ausdrucks. Hat die Kunst nur Gutes gebracht – oder wird sie nicht auch eingesetzt, um Menschen zu manipulieren? Müssen wir unterscheiden zwischen wirklicher Kunst und ‹entarteter Kunst›? Wenn alles mehrdeutig ist, dann gibt es natürlich auch entartete Medizin, entartete Literatur und entartete Psychologie.

Deshalb müssen wir sehr wach selbst entscheiden, worauf es ankommt, was gut ist für uns und was uns unterdrückt. Welche Psychologie ist gut für unsere Existenz und welche nicht? Welche Religion meint es gut mit uns und welche nicht? Wie soll ich diese elementaren Fragen beantworten? Kann sie ein anderer für mich beantworten? Oder muss ich selbst die Antwort finden?

Du weißt, wie ich darüber denke und welche Antwort ich dir gebe: Du musst selbst die Antwort finden. Aber zuvor muss erst der Boden in dir bereitet sein, damit du in der Lage bist, selbst die Antwort zu finden. Dieser Boden ist die Selbsterkenntnis. Du musst erst den Mut haben, selbst nachzuforschen, und es aufgeben, andere zu fragen, also den ‹Rat von Experten› heranzuziehen. Wenn du dich verliebt hast, wirst du dann einen Experten, einen Psychologen oder Sexualforscher, heranziehen, damit er dir erklärt, warum du verliebt bist? Du wirst das natürlich nicht tun, denn du bist es, der fühlt. Aber plötzlich ist die Liebe verschwunden, dann bist du verunsichert, gehst zu einem Experten, der dich beraten soll. Kann er deine Gefühle erfassen? Kann er die verschwundene Liebe zurückholen? Er kann es natürlich nicht. Also bleibt dir nichts anderes übrig, als dich mit deinem Inneren zu befassen. Darauf möchte ich dich hinweisen. Das hat überhaupt nichts mit Egoismus oder Egozentrik zu tun.

Egoismus und Liebe

Die Stärkung des Ich führt nicht zu Egozentrik oder Egoismus. Die zweite Geburt heißt vielmehr Selbstwerdung, jene Entfaltung als individueller Mensch. Egoismus wird von einer anderen Seite in uns herangebildet, ja heranerzogen. Er entsteht in der Dimension des Denkens, nicht im Bereich des Seelischen.

Wir wollen gemeinsam dieses psychologische Thema untersuchen, wollen sehen, wie Egoismus entsteht. Ich möchte also nicht, dass du mir einfach glaubst, nur weil ich vielleicht der Experte bin, sondern wir nehmen uns die Thematik vor, wobei du nachprüfst, was du von dem Gesagten beziehungsweise Geschriebenen für richtig und was du für falsch hältst. Wir wollen das Thema auch nicht endgültig lösen und wissenschaftlich exakt bestimmen. Du bist kein Wissenschaftler, willst dich lediglich intensiv damit auseinander setzen. Wir wollen uns deshalb gemeinsam darüber Gedanken machen und uns der Problematik ohne Vorurteile annähern. Was hat es also mit dem Egoismus für dich und mich auf sich?

Die meisten Menschen sind Egoisten. Das ist eine Tatsache. Es geht jetzt nicht darum, den Egoismus zu verurteilen und das Ideal zu postulieren, der Mensch habe nicht egoistisch zu sein, sondern eher altruistisch. Wir wollen nicht ab- oder aufwerten, sondern lediglich konstatieren, dass Egoismus eine Realität ist. Es ist offensichtlich eine naturgegebene Tatsache, dass sich jedes Lebewesen auf egoistische Weise durchzusetzen versucht. Das ist nicht nur unter Menschen so, sondern auch im Tierreich beobachten die Zoologen, dass jedes Tier sein Territorium mit äußerster Energie und Heftigkeit verteidigt. Das Territorium spielt eine große Rolle. Es handelt sich um ein Naturgesetz, dass die Tiere ihren Brut- und Lebensraum gegenüber allen Rivalen verteidigen. Es wird ein Revier abgesteckt, und jeder Eindringling wird mit Wachsamkeit und allerhöchster Lebenskraft daraus vertrieben. Es gibt also diesen vitalen, auch instinktgebundenen, an den Lebensraum geknüpften Egoismus. Jedes Lebewesen will sich in seinem

Territorium entfalten und seinen Nahrungs- und Brutraum schützen.

Das hier beschriebene Naturgesetz kann und darf nicht mit einer Ethik verurteilt werden. Es ist ein elementares Grundrecht, seinen Wohnraum vor Eindringlingen zu schützen. Wer das Wohngebiet eines anderen betritt, ist nur Gast, kann auch Gastfreundschaft erhalten, wobei jedoch erwartet wird, dass er sich als Gast verhält. Dieser Egoismus und diese Einstellung zum Territorium sind biologische Naturrechte, und deshalb sollte hierfür auch nicht der Begriff Egoismus verwendet werden. Darüber hinaus versucht jedes Lebewesen, seine elementaren Bedürfnisse zu befriedigen. Auch das sind grundlegende Entfaltungsrechte.

Der Egoismus beginnt mit der Durchsetzung eigener Wünsche, Ideen und Vorstellungen, die darüber hinausgehen. Neben diesen egoistischen Strebungen, die uns allen so vertraut und verständlich sind, sollten wir mit einbeziehen, dass davon unabhängig Liebe möglich ist. Selbstbehauptung will schützen und bewahren, Egoismus dagegen will darüber hinaus *nehmen*. Liebe aber will – und das ist eine andere Dimension – geben. Sexualität will nur nehmen; deshalb gehört die Sexualität zu weiten Teilen in den Bereich der egoistischen Begierde, der egoistischen Gier; Sexualität will mit einer Habenmentalität konsumieren (ein Stück weit darf hier elementarer Egoismus im biologischen Sinne stattfinden). Liebe aber ist etwas ganz anderes. Liebe – und das ist das so wichtige Thema der populären Literatur als auch der Religionen, als auch der Psychologie und der Philosophie – ist eine Seinsweise. Lieben kann nur der, der über den üblichen naturgegebenen Egoismus hinausgeht. Dort beginnt eine neue Erlebnisebene.

Die Begierde ist biologisch beschreibbar und ‹normal›.

Liebe aber ist keine Begierde. Begierde ist Gier – und sie will haben. Liebe dagegen ist frei davon, denn sie will geben. Dieses Geben ist kein Aufdrängen; Liebe gibt aus sich selbst heraus, ohne das Geben als eine Gabe im Sinne einer Ware zu verstehen; deshalb ist Liebe eine Entfaltung ohne Egoismus und ein Geben ohne Hintergedanken, denn sie kommt aus der Seele und nicht aus dem Denken. Durch das Denken kann Liebe zu einem zweckvollen Verhalten werden, das wiederum den Egoismus mit einfließen lässt. Deshalb lege ich so großen Wert darauf, dass das Wesen der Liebe verstanden wird; die Verstrickung mit dem Egoismus sollte deutlich werden. Ich möchte deinen Blick schärfen für diese Vorgänge in dir. Du kannst die Trennungslinie zwischen Liebe, die aus der Seele kommt, und dem Taktieren mit dem Begriff Liebe, das aus dem Denken kommt, durch Selbstbeobachtung fühlen. Das kann nicht als Wissen vermittelt werden, denn es kann nur gefühlt werden. Dieses Fühlen ist ein Vorgang der Erkenntnis.

Die Verletzlichkeit des Egos

Die Verletzbarkeit im Kontakt mit anderen ist bei den meisten Menschen sehr stark ausgeprägt. Wir versuchen, sie nach außen hin vor den anderen zu verbergen, denn verletzt zu wirken gilt als Schwäche. Nicht jedem gelingt es, seine Verletztheit zu kaschieren. Verletzt zu sein wird auch mit übermäßiger Sensibilität gleichgesetzt, auf diese Weise ist die Sensibilität in Verruf geraten. Wir sind alle in Wirklichkeit tief innerlich sensibel, aber wir wollen das nicht zugeben und nicht darüber sprechen.

Ich möchte mich in meinem heutigen Brief an dich mit der Verletzbarkeit befassen, weil du mich gefragt hast, wie du die Aufmerksamkeit auf das eigene Innere und die Bewusstheit der Sensibilität, der Sensitivität und das Mitgefühl in Einklang bringen könntest mit der dadurch von dir befürchteten stärkeren Verletzbarkeit deines Egos.

Wenn du deine Mitmenschen aufmerksam beobachtest, wirst du feststellen, dass sie fast ausnahmslos darum bemüht sind, etwas darzustellen, etwas zu sein, also ihr Ich zu unterstreichen. Dies geschieht auf den unterschiedlichsten Wegen und mit den verschiedensten Methoden, mitunter sehr leicht durchschaubar, beispielsweise durch Angeberei und den Einsatz verschiedenster Symbole des Erfolges, aber auch sehr subtil durch schwer durchschaubare Methoden, um über andere Macht zu gewinnen oder um sich überlegen zu fühlen. So können selbst so positive Werte wie Hilfsbereitschaft, sozialpolitisches Engagement, religiöse Bestrebungen, künstlerische Betätigung dafür eingesetzt werden, sich den anderen überlegen zu fühlen und das Ich zu erhöhen.

Wir unternehmen alle diese facettenreichen Anstrengungen, um dadurch unsere Verletzlichkeit psychisch zu verarbeiten. Beobachte deine Mitmenschen sehr genau, und du wirst herausfinden, wie sie mit der Art und Weise, sich darzustellen, ihre jeweilige subjektive Verletzbarkeit kaschieren wollen. Aber betrachte nicht nur andere, sondern auch dich selbst. Wie gehst du vor, um erfolgreich zu erscheinen? Auf welchem speziellen Gebiet möchtest du anerkannt werden? Worin möchtest du dich von anderen unterscheiden? Das sagt alles etwas über deine Verletzbarkeit aus. Du möchtest etwas Besonderes sein, etwas Besonderes haben, einer besonderen Gruppe angehören, eine besondere Philosophie vertreten, auch wenn du insgesamt ein sehr unauffälliges und angepasstes Leben führst. Du integrierst dich als Angestellter in deine Firma, du heiratest, ihr habt zwei Kinder, du fährst einmal im Jahr in Urlaub. Du unterscheidest dich nach außen kaum von allen anderen, bist sogar sehr bemüht darum, so zu leben, wie sie leben, weil du das für richtig hältst und vor allem für normal.

Es ist unser Wunsch, ‹normal› zu sein, und dennoch sind wir damit nicht zufrieden, sondern wollen auch etwas Besonderes sein – und wenn es nur auf einem ganz speziellen Gebiet ist. So wollen wir unser Ego stärken. Die Verletzlichkeit dieses Egos lässt sich aber so nicht auflösen. Es ist eine Selbsttäuschung, etwas Besonderes sein zu wollen. Du suchst auf diese Weise eine Stärkung, um Kritik, Angriffe und Verletzungen besser ertragen zu können. Es ist eine Art Selbstschutz, um mit alldem besser zurechtzukommen. Wenn über eine Kränkung gesprochen wird, hören wir nicht selten den Rat: «Du darfst einfach nichts an dich herankommen lassen!» Wir wollen durch solche Abschirmungen vermeiden, verletzt zu werden. Wie machen wir das aber, dass wir nichts an uns herankommen lassen? Wir halten uns für etwas, schaffen uns ein Bild von uns, das ausdrücken soll: Ich habe besondere Eigenschaften, besondere Ziele verfolgt, einer besonderen Gruppe angehört, mit der ich mich identifiziere, in der ich auf sozialem Gebiet für andere etwas tue, in der ich für ein politisches oder religiöses Ziel kämpfe, mich für den Frieden einsetze (oder den Nationalismus, die Rasse, das Geschlecht, die Landsmannschaft). Du kannst dich auch gänzlich von der Welt zurückziehen, etwa als Mönch, etwa als Einsiedler leben – und dennoch bist du nicht frei davon, dadurch dein Ich zu stärken und dein Ich gegen das der anderen zu erhöhen.

Du kannst sogar sehr devot und demütig anderen dienen, um dadurch ein Stärkegefühl deines Ich zu erfahren. All diese Methoden, von denen ich nur einige angedeutet habe, sind falsche Wege zur Erlangung von Ichstärke.

Natürlich ist auch die Methode, durch selbstbewusstes Auftreten und ungeniertes Dokumentieren der eigenen Leistung, des Erfolgs, des errungenen Status, falsch. Nach außen durch solche Tricks jemand sein zu wollen ist nicht viel mehr als das Spielen einer Rolle. Dieses Rollenverhalten ist sehr oberflächlich und vermittelt dir nur eine oberflächliche Befriedigung deines Wunsches, dich stark zu fühlen. Mit all diesen angedeuteten Methoden, der Verletzlichkeit zu entgehen, ist die Angst verbunden, dass sich die Werte auflösen, dass sich etwas verändert. Du bist mit diesen oberflächlichen Tricks abhängig von äußeren Bedingungen und Einflüssen.

Wir müssen deshalb unsere Verletzbarkeit ganz anders angehen. Damit meine ich, wir sollten unserer Verletzlichkeit auf den Grund gehen. Es gibt einen subjektiven Grund, den wir erkennen müssen, denn jeder hat einen individuellen wunden Punkt. Der eine reagiert gekränkt, wenn man seine Intelligenz in Frage stellt; dem anderen macht das nichts aus – er wird dagegen unruhig und reagiert aggressiv, wenn man seine Kleidung oder seine Frisur kritisiert; wieder ein anderer reagiert gekränkt, wenn man seine Hilfsbereitschaft in Frage stellt, worüber ein anderer nur lacht und sich ungeniert dazu bekennt, ein Egoist zu sein. Der eine verteidigt mit aller Heftigkeit seinen Gerechtigkeitssinn, und einem anderen macht es offensichtlich überhaupt nichts aus, wenn man ihn als ungerecht bezeichnet. Der eine sonnt sich in seiner Boshaftigkeit, und ein anderer hat schlaflose Nächte, wenn man ihn bösartig nennt. Die meisten reagieren allerdings sehr heftig, wenn man ihnen sagt, dass sie diesen oder jenen Fehler begangen haben, blühen jedoch auf, wenn man sie lobt und ihnen sagt, was sie gut und richtig gemacht haben.

Das hat mit unserer Erziehung im Elternhaus zu tun, auch mit unserem Schulsystem. Mit der Zeit sind wir psychisch allergisch geworden, wenn wir auf Fehler hingewiesen werden. Wir sind darauf konditioniert, Fehler sehr ernst zu nehmen, Kritik an unserer Leistung und unserem Verhalten wichtig zu nehmen und mit unserem Selbstwertgefühl in Verbindung zu bringen. Stelle dir einmal vor, du wärest ganz anders erzogen worden, hättest gelernt aus Freude am Lernen, keiner hätte jemals in einem Fehler etwas Negatives gesehen, sondern etwas Positives – dann wärest du heute frei von dieser Verletzbarkeit durch Kritik, denn du würdest in jedem Fehler das Positive sehen und aus ihm lernen. Du könntest vielleicht sogar über einen Fehler herzhaft lachen – nicht mitlachen, weil die anderen aus Schadenfreude lachen, sondern weil du es wirklich komisch finden würdest, wie du einen solchen Fehler begehen konntest. Dann wäre da kein ‹wunder Punkt› einer Verletzbarkeit, sondern eine vitale, gesunde Situation, und Kritik würde dich nicht berühren, nicht schwächen, sondern stärken.

Deshalb möchte ich dich dazu motivieren, in dir selbst deine wunden Punkte aufzuspüren und zu untersuchen, wie sie zu wunden Punkten wurden, damit deine Verletzbarkeit verringert wird. Dein Ego sollte sich nicht stärken mit diesen beschriebenen oberflächlichen Methoden, dich als etwas Besonderes zu fühlen, um zu kompensieren. Es gibt überhaupt nichts zu kompensieren; du warst nie schwach oder fehlerhaft. Das alles ist Unsinn, hervorgerufen durch dieses falsche Erziehungssystem, mit dem du konfrontiert warst. Nun aber bist du erwachsen und hast alles hinter dir gelassen. Ich möchte dir dabei helfen, dich davon zu befreien und deine Verletzbarkeit mit anderen, neuen Augen zu sehen. Du kannst frei davon werden.

Selbstkritik ist unnötig

Die meisten Menschen kritisieren gern. Sie werten andere auf oder ab, meinen, es wäre ein Zeichen von Intelligenz, kritisch zu sein und zu kritisieren. Es besteht ein großer Unterschied zwischen kritisch und kritisierend. Wenn du kritisch bist, dann verhältst du dich aufmerksam und wach, doch wenn du kritisierst, dann wird ein anderer verletzt, sofern er verletzbar ist. Da steht er nicht alleine, denn heutzutage sind die meisten Menschen sehr verletzbar. Du weißt, wie verletzbar du selbst bist. Beobachte einmal genau dein eigenes Verhalten, etwa wie du mit Kritik umgehst, sowohl mit Selbstkritik als auch mit Kritik gegenüber anderen. Auch die Selbstkritik kann zu einem Problem für dich werden, wenn du dich beobachtest, um dich zu kritisieren. Mit Selbstkritik kannst du dich selbst verletzen, dir die Lebensfreude rauben und in eine Depression geraten.

Mein ständiges Hinweisen auf die Selbstbetrachtung und die Entfaltung der eigenen Individualität hat nichts mit Selbstkritik zu tun. Ich habe dir bereits über die Selbsterziehung dazu einiges geschrieben. Nach dem Persönlichkeitsmodell von Sigmund Freud besteht die Person aus den Schichten Es, Ich und Über-Ich. Das Es bedrängt das Ich mit Triebwünschen, während das Über-Ich das Ich durch Wertvorstellungen aller Art reglementiert. Dieses Modell ist sehr brauchbar, uns die Situation des Ich vorzustellen, wie es zerrieben werden kann zwischen den wichtigen Positionen Es und Über-Ich. Selbstkritik bildet sich im Über-Ich; es ist die Instanz der introjizierten Autorität. Die Fremdbestimmungen werden übernommen, und du gängelst und reglementierst dich mit ihnen. Du zwingst dich zum Beispiel zur Anpassung – und verletzt dich so durch deine Selbstkritik unablässig selbst.

Es ist eine Tragödie, dass wir auf diese Weise zu unserem eigenen Feind werden. Daher ist es wichtig, das zu durchschauen, um den Feind in uns entmachten zu können. Zuallererst gilt es natürlich, diesen Feind zu erkennen. Den meisten ist gar nicht bewusst, dass so etwas möglich sein könnte. Sie wollen sich nicht damit befassen, da es ihnen unangenehm und geradezu unheimlich ist, das erkennen zu müssen. Diese Betrachtung ist aber unbedingt notwendig, um mit dir selbst vertraut zu werden. Du kannst zwar davor weglaufen und dich davon ablenken, aber wenn du die Zusammenhänge der Selbstkritik nicht durchschaust, dann kommt die Verletzung zurück.

Ich verurteile die Selbstkritik, wie du weißt. Das bedeutet nicht, dass wir uns einfach nur gehen lassen sollten und immer das machen, wozu wir gerade Lust haben; es bedeutet auch nicht, dass wir nichts unternehmen sollten, um somit Fehler zu vermeiden. Irrtümer und Fehler sind notwendig. Lernen heißt, Irrtümer erkennen und das Richtige vom Falschen unterscheiden zu können. Dieses Lernen kann eine Lust und Freude sein, wenn du offen und voller Liebe an das Neue herangehst. Du wirst feststellen, dass dann ein Interesse aus der Sache selbst erwächst. Wenn du dich ständig über Fehler ärgerst und dich kritisierst, dann entsteht eine Aversion gegen dieses Neue, und deine Lernfähigkeit wird sogar geschwächt. Deshalb: kritisch beobachten – ja, aber dich selbst kritisieren – nein; nur so kann sich Wachstum entfalten. Selbstkritik macht dich durch Selbst-verletzung krank, und durch Selbstkritik verkümmerst du, wo-hingegen du mit Zuwendung und Interesse voller Vitalität sein wirst und auch viel schneller eine Aufgabe bewältigst.

Wenn das so einfach ist, wie ich es hier darstelle, dann fragt man sich natürlich, warum das Schul- und Erziehungssystem einen ganz anderen Weg beschreitet. Das ist ein gesellschafts-politisches Thema. Warum wird so viel auf Zwang und Pflicht Wert gelegt? Warum sind die Religionen, die dem Menschen große Werte vermitteln wollen, so intolerant und dogmatisch? Warum ist ein angepasster Kirchgänger, der sich als fromm und religiös bezeichnet, nicht wirklich religiös? Warum ist ein Meisterschüler einer Kunstakademie nach seinem Abschluss auf der Akademie nicht zwangsläufig ein bedeutender Künst-ler? Warum kann ein Maler, der nie eine Akademie besucht hat, wie beispielsweise van Gogh, ein sehr großer Künstler werden? Warum predigen wir das Gute, sind stolz auf unsere Geistestradition und führen dennoch zerstörerische Kriege, die Leid und Elend über Millionen von Menschen bringen? Warum sprechen wir von Schönheit und Kultur, verschmut-zen aber die Flüsse, vergiften die Erde und zerstören die Natur? Diese Fragen decken die Widersprüche auf, mit denen wir täg-lich konfrontiert werden, nicht nur in der Außenwelt, sondern auch in uns selbst. Die Beantwortung dieser Fragen hat etwas mit dir und mit mir zu tun. Wir müssen in uns in Harmonie leben, um davon etwas nach außen tragen zu können. Wenn du dich ständig selbst kritisierst, wird in dir das zwanghafte Bedürfnis erzeugt, auch andere zu kritisieren. Wenn du mit dir selbst nicht im Reinen bist, wirst du auch nichts dafür tun kön-nen, dass andere mit sich ins Reine kommen. Wenn du selbst nicht lieben kannst, wirst du auch anderen keine Liebe vermitteln können. Wenn du selbst unglücklich und depressiv bist, wirst du auch deine Umgebung infizieren. Wenn du dich selbst ständig kritisierst, wirst du auch andere verletzen und so Frustration und Aggression auslösen. Deshalb ist dieses intensive Beschäftigen mit der eigenen Seele und deinem Denken – ich sage es nochmals – überhaupt nichts Egoistisches. Im Gegenteil. Nur auf diese Weise kannst du auch für andere etwas tun.

Wenn du dich selbst erkennst und dadurch Ordnung und Klarheit in dir schaffst, kannst du mit anderen besser umgehen. Wenn du Frieden in dir gefunden hast, dadurch ein einheitlicher Mensch geworden bist, kannst du diesen Frieden weitergeben. Wenn du frei geworden bist, kannst du die Atmosphäre der Freiheit um dich verbreiten. Wenn du dich entwickelt hast, entsteht ein Freiraum, sich neben dir auch entfalten und entwickeln zu können. All das hat nichts mit Pädagogik zu tun, da du die anderen nicht missionieren und belehren wollen wirst. Du bist nur ein Beispiel, bist auf gar keinen Fall ein Vorbild. Du wirst zu einem Menschen, neben dem andere frei atmen können. Du wirst nicht zu einem Egoisten, sondern zu einem Menschen, der den anderen Platz zur Entfaltung schafft, und weil du dich nicht mit Selbstkritik zerfleischst, wirst du auch nicht mit Kritik verletzten. Es geht um Wachstum. Dieses Wachstum muss geschehen; es kann nicht durch Lob oder Tadel erzwungen werden. Reifung ist mehr als ein biologischer Vorgang, ist vielmehr psychische Entwicklung. In einem gesunden Körper wohnt nicht zwangsläufig auch eine gesunde Seele. Die Seele wächst nicht automatisch mit der biologischen Entwicklung mit, auch nicht mit dem Ausbau des Wissens, den wir auf Schule und Universität erfahren. Reifung – dafür fühlt sich niemand zuständig. Verlasse dich nicht auf die Institutionen der Gesellschaft, denn sie behindern dich nur. Deine

Eigenverantwortlichkeit dir selbst bewusst zu machen, das ist der erste Schritt. Du musst dich um dich selbst kümmern, denn anderenfalls bist du verloren, verloren in einem mittelmäßigen Leben, das nur ‹normal› und angepasst ist. Ohne Liebe – und die kannst nur du in dir entdecken – ist das Leben klein, eng, traurig und voller Mühsal.

Ichstärke will keine Autorität

In unserer Entwicklung haben wir alle – der eine mehr, der andere weniger – unter Autorität gelitten. Da war die Macht eines anderen, der wir uns gebeugt haben, ohne Widerspruch nach außen, aber mit inneren Ohnmachtsgefühlen, haben wir uns doch beugen müssen (wollen), weil wir erpressbar sind. Wir haben uns der Autorität untergeordnet, um einen Vorteil davon zu haben, nämlich Zuwendung zu erhalten in Form eines Lobes, einer Anerkennung, ja sogar in Form von Liebe. Wir haben den Mund gehalten und das getan, was ein anderer wollte, und das nur, um ihm zu gefallen, um von ihm eine gute Note zu erhalten, vielleicht auch aus Angst vor seinem Zorn und den Konsequenzen, die für uns daraus hätten resultieren können. Oftmals haben wir das erwünschte Lob erhalten, haben den Streit vermieden, aber wir fühlten uns nicht gut dabei. Im Stillen haben wir vielleicht in Gedanken durchgespielt, wie wir uns hätten widersetzen können, fühlten uns dann etwas besser, aber insgesamt ging das doch mit einem Gefühl von Schwäche einher: Wir fühlten unser Ich schwach und das andere Ich stärker. Also streben wir danach, eines Tages einmal genauso stark zu sein und über andere gleichfalls Autorität ausüben zu können.

Du kannst beobachten, wie die älteren Geschwister die jüngeren kritisieren und maßregeln, wie es von ihren Eltern ihnen gegenüber praktiziert wurde; es sind die gleichen Gesten und oft die gleichen Sätze, die gleiche Bedrohung mit Strafe. Es handelt sich um die Methode der Einschüchterung und der Erpressung des Kleineren, Unwissenderen und Hilfloseren. Der Schwächere wünscht sich daher, die Stärke des Stärkeren zu besitzen – zuerst nur in der Phantasie, um die Realität dann zu erproben, wenn es ihm ungefährlich erscheint, er also gegen vermeintlich Schwächere vorgehen kann. Wenn ich von Ichstärke schreibe, meine ich nicht diese Art der Autorität. Durch Ichstärke sollst du keine Autorität über andere gewinnen. Wenn du das versuchen solltest, dann hättest du mich völlig missverstanden. Zu sich selbst zu finden bedeutet ja gerade, nicht Autorität zu entwickeln, sondern bedeutet, jedweder Autorität widerstehen zu können. Die Stärke des Ich liegt darin, auf das eigene Ich mehr und mehr zu vertrauen, aber nicht mit dem Hintergedanken, diese Stärke dann gegenüber anderen auszuspielen. Zu wissen, was du willst, heißt nicht, deinen Willen auch anderen aufzudrücken. Wenn du spürst, was du selbst willst, dann wächst deine Achtung davor, dass der andere möglicherweise etwas ganz anderes will.

Diese elementare Ichstärke hat mit Autorität nicht das Geringste zu tun. Deine Erkenntnisse werden nicht zu autoritären Maßstäben für andere, sie sind auch keine Autorität für dich selbst. Das bedeutet, dass du nicht rechthaberisch das, was du für dich selbst erkannt hast, anderen aufdrücken sollst; es bedeutet aber auch, dass du es dir selbst nicht aufdrücken sollst. Eine von außen vermittelte Norm beziehungsweise Lebensmaxime kannst du introjizieren – und sie kann zu Selbstversklavung führen. Etwas Selbsterkanntes sollte nicht diesen autoritären Charakter für dich selbst annehmen. Mit etwas Selbsterkanntem kannst du dich nicht unterdrücken, denn du bleibst dem Prozess der Erkenntnis verbunden. Das Grundprinzip der Selbsterkenntnis und der Selbsterforschung ist ein lebendiger Vorgang; es entstehen keine Reglementierungen. Diese Ichstärke will keine Autorität ausüben, weder über andere noch über dich selbst.

Deshalb solltest du immer misstrauisch sein, wenn jemand sagt, er hätte etwas als richtig erkannt und er würde sich nun danach ausrichten. Meist steckt dahinter, dass er nicht selbst diese Erkenntnis gewonnen hat, sondern sie von anderen gehört und als richtig übernommen hat. Weil er sie nicht wirklich erlebt hat, deshalb muss er sie verteidigen und auf autoritäre Weise versuchen durchzusetzen.

Was du selbst erlebt und erkannt hast – du wirst es erfahren – bewirkt keine autoritären Tendenzen. Du musst anderen nichts beweisen und dir auch selbst nichts einreden, denn es handelt sich um ein tiefes und elementares Wissen, ein Wissen, das nicht vergleichbar ist mit Lernstoff. Wenn andere versuchen, dir auf nachdrückliche Weise das Gegenteil zu beweisen, wird dich das nicht zu einer autoritären Mentalität verführen. Erlebte Erfahrung ist geduldig und neigt nicht zu missionarischem Eifer. Du wirst entweder schweigen oder wirst voller Freude und innerer Anteilnahme davon sprechen.

So sieht es auch in deiner eigenen Seele aus: Du wirst von deinem Erkenntniserlebnis tief berührt sein und andere nicht in Unsicherheit befragen wollen, ob dieses richtig, jenes falsch sei. Wenn ein anderer dich versteht und Ähnliches erlebt hat, wirst du dich freuen und ein Gefühl der Geborgenheit erfahren, und du wirst dich nicht ärgern, wenn er das nicht erlebt hat und nicht versteht, wovon du sprichst. Ichstärke ist eine Stärke, die keine Anerkennung braucht und sich nicht im Wettstreit der Konkurrenz messen muss.

Ichstärke hat also nichts mit Stärke in der Gesellschaft (im Konkurrenzkampf) zu tun. Es ist eine Stärke, die nur etwas für dich selbst bedeutet. Es handelt sich um kein Mittel für einen Zweck. Du lässt dich weder von einer Autorität mehr manipulieren, noch willst du selbst jemanden für einen egoistisch-autoritären Zweck manipulieren, da du Autorität auf jedem Gebiet ablehnst. Das bedeutet jedoch nicht, dass du trotzig Kompetenz ablehnen würdest – das natürlich nicht. Wenn du mit einem Bergführer in einer Gletscherregion unterwegs bist, wirst du seine Fachkompetenz anerkennen. Trotzig deinen eigenen Weg zu gehen wäre Egozentrik, und das bedeutet, der Autorität des Egos folgen zu wollen. Egozentrisch zu sein ist keine Ichstärke, sondern ist ein Zeichen für Revolte aus Schwäche.

Natürlich müssen wir gegen die Normen unserer Gesellschaft, die auf autoritäre Weise versucht, uns ihre Werte aufzudrücken, rebellieren. Wir sollten ohne Scheu nein sagen. Es ist kein trotziges Nein, sondern ein Nein zur Fremdbestimmung und ein Ja zu Selbstbestimmung, ein Nein zur Autorität, ohne die Autorität herauszufordern. Es ist kein trotziges Nein aus Schwäche, sondern ein lächelndes Nein aus den Quellen der inneren Erkenntnis. Es hat mit Liebe und Mitgefühl zu tun. Autorität sucht den Kampf durch Unterdrückung; sie hat deshalb leichtes Spiel. Ichstärke sucht nicht den Kampf, sondern sie nimmt ihn auf; sie will dabei niemanden unterdrücken, hat deshalb auch kein leichtes Spiel, da sie voller Mitgefühl für andere ist und deren Verständnis sucht.

Das autoritäre Nein ist diktatorisch gemeint und droht mit Strafe; das ichstarke Nein ist verständnisbereit und erhofft Toleranz, ist nicht erpressbar, sondern ist voller Schönheit und Entfaltung. Das diktatorische Nein ist hässlich in seiner Brutalität; das ichstarke Nein verliert nichts von dem Charme seiner Individualität und Kreativität. Dem diktatorischen Nein muss man sich beugen, mit dem ichstarken Nein darf man sich auseinander setzen, es von allen Seiten betrachten und in Frage stellen, ohne dass es zusammenzubrechen droht. Das ichstarke Nein hat keine Institution und keine Lobby hinter sich, mobilisiert keine effektiven Gruppen oder Mehrheiten. Das ichstarke Nein ist wie das ichstarke Ja fern von jeder Autorität, aber es besitzt Authentizität.

Wie ernst soll ich mich selbst nehmen?

Du hast in einem Gespräch die Frage angeschnitten, ob man sich durch Selbstbetrachtung nicht allzu ernst nehmen würde. Du meintest, die meisten Menschen würden sich allzu wichtig nehmen, und gerade das würde viele Probleme im mitmenschlichen Kontakt erzeugen. Nun sind wir erneut bei dem Problem der Egozentrik angelangt. Der Egozentriker stellt sein Ich gegenüber anderen ins Zentrum, er möchte gebührend beachtet und bevorzugt behandelt werden, er nimmt sich also selbst wichtiger und bringt das auch zum Ausdruck.

Ich möchte eine Unterscheidung treffen zwischen ‹sich wichtig nehmen› und ‹sich ernst nehmen›. Man kann sich ernst nehmen, ohne die eigene Bedeutung dadurch dokumentieren zu wollen. Es gibt einen Ernst gegenüber sich selbst, der nichts mit Egozentrik zu tun hat. Unter diesem legitimen Ernst verstehe ich zum Beispiel die Aufmerksamkeit dem eigenen Inneren gegenüber. Auf die Gesundheit zu achten und die eigenen Kräfte nicht zu überfordern heißt, mit Ernst und Bewusstsein zu leben. Wenn dein Körper dir durch Müdigkeit signalisiert, dass er Schlaf braucht, dann solltest du das beachten. Wenn du in dich hineinlauschst und deine Gefühle zur Kenntnis nimmst, dann hat das nichts damit zu tun, dass du dich in egozentrischer Weise zu wichtig nehmen würdest. Ein ernsthafter, bewusster und wacher Mensch ist sich über seine derzeitige Befindlichkeit immer im Klaren, was nicht heißt, er nehme sich *zu* ernst. So ernst sollte man sich selbst schon nehmen, dass man seine Kräfte nicht überfordert, die Angstgefühle als Angst erkennt und nicht zu verdrängen versucht, den Ehrgeiz als Ehrgeiz erkennt, den Neid als Neid und sich an der Verliebtheit in die Natur oder in eine Tätigkeit oder in einen anderen Menschen voller Lebensfreude ganz ausschöpft – und es genießt. Vor allem sich freuen, einen Spaziergang auszukosten, sich mit einer kreativen Entfaltung zu befassen – und das mit aller Ernsthaftigkeit –, hat nichts damit zu tun, dass man sich wichtig nehmen würde.

Natürlich ist auch nichts dagegen einzuwenden, wenn du dich an dir selbst erfreust. Du kannst es genießen, dass du dich wohl fühlst, dass dein Körper gesund ist, dass du den Duft einer Blüte einatmest, dass du deine Füße an einem Sommertag in das Wasser eines Baches baumeln lässt, dass du barfuß das Moos einer Waldlichtung betrittst und natürlich auch die Lustgefühle deines Körpers registrierst, wenn du in Liebe gestreichelt wirst. Das alles hat nichts damit zu tun, dass man dabei auf egozentrische Weise sich selbst zu wichtig nehmen würde. In konzentrierter Weise über die Sinne stimuliert zu sein gehört zur Entfaltung der Lebensfreude und führt dazu, dass deine Energie unblockiert und frei fließen kann. Das Wort ‹ernst› ist hier störend, wirkt moralisierend miesepetrig, als wäre es unstatthaft, sich wohl zu fühlen, in einem Genuss aufzugehen und darin in Selbstvergessenheit zu versinken.

Das Wort Selbstvergessenheit zeigt, dass das eigene Ich an Bedeutung verliert. Nicht das Ego wird ernst genommen und in seiner Bedeutung überhöht, sondern die Lebendigkeit deines Ich. Das Ich wird von allen Blockierungen befreit und zu einer Durchflussstation des Lebens. Je vitaler du selbst bist, je offener deine Sinne sind, desto mehr kann das Leben mit seinen Erscheinungen in dich einfließen und durch dich hindurchfließen. Du hältst dann nichts fest, denn ein Festhaltenwollen wäre wieder ein In-Besitz-Nehmen, wäre also ein Ernstnehmen, das egozentrische Züge annimmt.

Wir gelangen durch Bewusstheit oder Aufmerksamkeit oder Wachheit oder Sensitivität mit der Einheit Körper, Seele und Geist – darin sehe ich eine legitime Ernsthaftigkeit – zu einem intensiven Leben. Es ist Offenheit und Freiheit dafür erforderlich. Wir müssen uns damit befassen, um diesen Zustand der Lebendigkeit zu erreichen. Wir müssen den Verstand mit seinem ständigen Denken in seinen Kreisen und Mustern erkennen und den Bereich der Seele öffnen. Das ist kein interessantes psychologisches Spiel, das wir so nebenbei einmal in Erwägung ziehen. Es handelt sich um ein sehr bedeutendes Thema, mit dem du dich auseinander setzen musst, ohne dass du dich dafür zu bekritteln lassen brauchst, du würdest dich zu wichtig nehmen.

Erst einmal müssen alle Hindernisse und Blockierungen beseitigt werden, damit die Wirklichkeit zu dir vordringen kann.

Wenn es dann geschieht, dass du wirklich in der Realität bist und mit allen Sinnen erleben und erfahren kannst, wenn ungeschönt durch die Zensur des Verstandes in deiner Seele sich das ausbreiten kann, was geschieht, wenn du es wahrnimmst, weil du es auch fühlen und aushalten willst, dann bist du ein ernsthafter Mensch. Diese Ernsthaftigkeit hat nichts mit Moral zu tun.

Wenn du erst einmal in diesen Zustand gelangt bist, dass deine Seele dafür offen ist, die Wirklichkeit zu empfangen, ihre Schönheit und ihre Hässlichkeit, die Einfachheit und die Schwierigkeit, das Lob und den Tadel, das Angenehme und das Unangenehme, wenn es auf dich zukommt und ohne Zensur durch dich hindurchfließen kann, wirst du feststellen, dass in dieser Erfahrung nicht ein egozentrisches Ich etwas besitzen will. Das egozentrische Ich nimmt sich nicht mehr ernst, du selbst als ‹Selbstbild› nimmst dich nicht mehr ernst. Erst dann, wenn du so weit bist, dass du vital empfangen kannst, dass Wirklichkeit sich voll und ganz in dir ausbreiten kann, wirst du erkennen, dass du nicht mehr wichtig bist. Nicht du nimmst dich ernst in der Form eines Selbstbildes, das sich bestätigen will, sondern das Leben nimmt dich ernst. Nicht du gehst zum Leben und willst ihm etwas erzählen oder es reglementieren, sondern das Leben kommt zu dir. In diesen Momenten erkennst du, dass das Leben *dich* ernst nimmt und dass es *dich* liebt. Das Leben kommt mit Macht dann intensiver von Tag zu Tag zu dir – und du lässt in deiner Seele fließend seine Wirkung entfalten. Du erkennst, dass das Leben zu dir *will* und dass darin Liebe liegt.

Durch deine Vorstellungen und Meinungen hast du dich selbst dagegen blockiert. Du hast dich abgeschnitten von der Erfahrung, dass du gar nichts zu erstreben brauchst, außer es hereinzulassen und durch dich hindurchfließen zu lassen. Du brauchst nichts zu werten, denn das Leben wertet dich auch nicht. Du solltest es nur erfassen, erleben, erfühlen, dich streicheln, natürlich auch erschauern lassen. Dein Ego ist gar nicht wichtig, erfährst du dann, denn das Leben ist viel wichtiger. Ich weiß, der Begriff ‹Leben› erscheint dir zu global. Aber nimm es einfach so; wir wollen es im Moment nicht weiter analysieren. Das Leben steht vor der Tür. Es will nicht zu dir als Einzelwesen, denn nicht du in deinem ‹Selbstbild› bist wichtig – es will nur durch dich hindurch. Du bist auf dieser Welt nicht, um dich davor abzuschotten, sondern um es durch dich hindurchzulassen. Nicht du nimmst dich ernst, wenn du das geschehen lässt, sondern das Leben nimmt dich ernst. Auf diese Weise erfährst du eine ganz andere Art von Ernsthaftigkeit, und zwar eine Ernsthaftigkeit, die Liebe ist: Zuerst kommt Liebe, die dir zuströmt, und danach wirst du dich verlieben. Wenn du verliebt sein wirst, dann nimmst nicht mehr du dich selbst so ernst, sondern du gehst auf in der Verliebtheit. Das ist keine egozentrische Haltung. Du vergisst dich selbst und wirst in Selbstvergessenheit das genießen, was diese Lebendigkeit und Vitalität zu geben hat. Vor allem dir wird gegeben, nicht du bist der Gebende. Um so weit zu kommen, bedarf es großer Intensität. Du selbst bist dann nicht mehr wichtig, denn du erkennst, wie wenig du geben kannst. Es entsteht eine Dankbarkeit, die sehr ernsthaft ist. Dieser Ernst ist etwas ganz anderes, als sich wichtig zu nehmen. Dankbarkeit ist konträr zur Egozentrik.